HOLZPELLET-GRILL-KOCHBUCH

50 EINFACHE UND KÖSTLICHE GRILLREZEPTE ZUM GENIESSEN UND KOCHEN FÜR IHRE FAMILIE UND FREUNDE

JORDAN WOOD

Table of Contents

Einführung

Ein Pelletgrill ist im Wesentlichen ein multifunktionaler Grill, der so konstruiert wurde, dass die komprimierten Holzpellets am Ende die eigentliche Brennstoffquelle sind. Sie sind Outdoor-Kocher und neigen dazu, die verschiedenen markanten Elemente von Smokern, Gasgrills, Öfen und sogar Holzkohle zu kombinieren. Der eigentliche Grund, der ihre Popularität seit jeher zementiert hat, ist die Art von Qualität und Geschmack, die sie dazu neigen, das Essen, das Sie auf ihnen zubereiten, zu verfeinern.

Nicht nur das, indem Sie die Art der Holzpellets, die Sie verwenden, variieren, sondern Sie können auch die Variation in den tatsächlichen Geschmack der Lebensmittel als gut bringen. Oft verwenden die besten Köche eine Mischung und Match-Technik von Holzpellets, um das Essen mit ihrer Unterschrift Geschmack zu infundieren, die Menschen süchtig, um ihre Küche in kürzester Zeit haben.

Die klinische Definition eines Holzpellet-Smoker-Grills ist das Räuchern, Grillen, Braten und Backen von Barbecue mit gepressten Hartholz-Sägespänen wie Apfel, Kirsche, Hickory, Ahorn, Mesquite, Eiche und anderen Holzpellets. Es ist eine Grube. Holzpellet-Räuchergrills bieten das Geschmacksprofil und die Feuchtigkeit, die nur Hartholzgerichte erreichen können. Je nach Hersteller und Modell kann die Grilltemperatur bei vielen Modellen weit über 150 ° F bis

600 ° F liegen. Vorbei sind die Zeiten, in denen die Leute sagen, sie können nicht auf Holzpellet-Räuchergrills backen!

Holzpellet-Smoker-Grills bieten die Saftigkeit, den Komfort und die Sicherheit, die man bei Holzkohle- oder Gasgrills nicht findet. Der Rauch ist hier nicht so dick wie bei anderen Smokern, die Sie kennen. Sein Design bietet die Vielseitigkeit und die Vorteile eines Konvektionsofens. *Ein* Holzpellet-Räuchergrill ist sicher und einfach zu bedienen.

Wie funktionieren sie?

Der Grill wird mit Strom betrieben und muss daher an die Steckdose angeschlossen werden, um Strom zu erhalten. Die Konstruktion ist so, dass Pellets in den Trichter eingefüllt werden müssen, die wiederum durch eine rotierende Schnecke und einen Motor nach unten befördert werden.

Die Schnecke soll dafür sorgen, dass die Pellets mit der voreingestellten Geschwindigkeit in den Feuertopf geschoben werden, die durch das Hof-Bedienfeld, das die Temperatur anzeigt, bestimmt wird. Sobald die Pellets den Feuertopf erreichen, gibt es einen Zündstab, der eine Flamme erzeugt, die wiederum die Rauchentwicklung verursacht.

Außerdem ist ein Ventilator an der Unterseite vorhanden, der dabei hilft, sowohl die erzeugte Hitze als auch den Rauch auf dem Grill nach oben zu drücken und dadurch den Konvektionsstil des gleichmäßigen Kochens ermöglicht.

Dies ist der grundlegende Mechanismus der Funktionsweise eines Holzpelletgrills. Wenn Sie die verschiedenen Teile des Holzpelletgrills und auch den Arbeitsmechanismus kennen, sind Sie viel besser vorbereitet, um sicherzustellen, dass Sie den Grill auf die richtige Weise verwenden können.

Bevor wir uns jedoch weiter an die Rezepte wagen, werden wir unseren Fokus auf einige wichtige Punkte über diese Grills lenken. Denn das richtige Wissen ist entscheidend, um sicherzustellen, dass Sie wissen, worauf Sie sich einlassen.

Rindfleisch

Geräucherte Rib-Eye-Steaks

Zubereitungszeit: 5 Minuten

Kochzeit: 50 Minuten

Portionen: 2

Zutaten:

- 2 dicke Rib-Eye-Steaks (1,5-lbs, 0,68-kgs)
- Salz und schwarzer Pfeffer
- Steak-Rubs, nach Wahl

Wegbeschreibung:

Lassen Sie die Steaks eine halbe Stunde lang bei Zimmertemperatur rauchen.

12

Würzen Sie die Steaks mit Salz, schwarzem Pfeffer und einem Rub Ihrer Wahl. Legen Sie die Steaks direkt auf den Grill und garen Sie sie etwas mehr als 20 Minuten.

Nehmen Sie die Streifen vom Grill und stellen Sie die Räuchertemperatur auf 400°F (205°C).

Die gegarten Steaks auf dem heißeren Grill von jeder Seite 5 Minuten anbraten.

Die Steaks in Küchenfolie einwickeln und 10 Minuten ruhen lassen.

In Scheiben schneiden und mit Beilagen Ihrer Wahl servieren.

Ernährung:

Kalorien: 615

Fett gesamt: 43g

Gesättigtes Fett: 19g

Cholesterin: 177mg

Natrium: 205mg

Rinderbrust nach texanischer Art geräuchert

Zubereitungszeit: 30 Minuten

Kochzeit: 15 Stunden

Portionen: 18

Zutaten:

- 1 ganzes Paket Brisket, gekühlt (14-lb, 6,3-kgs)
- Meersalz - 2 Esslöffel
- Knoblauchpulver - 2 Esslöffel
- Grob gemahlener schwarzer Pfeffer - 2 Esslöffel

Wegbeschreibung:

Nehmen Sie die Rinderbrust aus dem Kühlschrank und drehen Sie sie um, so dass das spitze Ende direkt auf der Arbeitsfläche liegt. Entfernen und entsorgen Sie überschüssiges Fett oder Silberhaut vom Muskel. Schneiden Sie den Fettteil zwischen dem spitzen Ende und dem flachen Ende vorsichtig zurecht. Schneiden Sie loses Fett oder Fleisch von der Spitze ab und entsorgen Sie es. Schneiden Sie sowohl die Kanten als auch das flache Ende ab. Drehen Sie schließlich das Fleisch um und schneiden Sie die Oberseite auf eine ungefähre Dicke von 1,25 cm über die Oberfläche des Fleisches.

Vermengen Sie in einer Schüssel die Zutaten für den Rub, Meersalz, Knoblauchpulver und schwarzen Pfeffer. Reiben Sie das Brisket mit dem Gewürz ein.

Legen Sie das Fleisch mit dem spitzen Ende in Richtung der Hauptthitzequelle auf den Smoker. Schließen Sie den Smoker-Deckel und räuchern Sie das Fleisch ca. 8 Stunden lang oder bis ein Fleischthermometer 74 °C (165 °F) anzeigt.

Rollen Sie auf einer großen, sauberen Arbeitsfläche ein großes Stück Alufolie aus und legen Sie Ihre Rinderbrust in die Mitte. Wickeln Sie das Fleisch ein, indem Sie die Folie Kante auf Kante falten, um eine blattdichte Abdichtung rundherum zu schaffen. Legen Sie die in Folie eingewickelte Rinderbrust mit der Nahtseite nach unten in den Smoker.

Schließen Sie den Deckel des Smokers und garen Sie bei 110 °C (225 °F) weiter. Ein Fleischthermometer, das in die dickste Stelle der Rinderbrust gesteckt wird, muss 108°C (202°F) anzeigen. Dies dauert zwischen 5-8 Stunden.

Wenn das Fleisch gar ist, übertragen Sie es auf ein Schneidebrett und lassen es vor dem Schneiden 60 Minuten ruhen.

Wenn Sie bereit zum Servieren sind, schneiden Sie die Spitze und flach gegen die Maserung. Servieren.

Ernährung:

Kalorien: 282kcal

Kohlenhydrate: 1g

Eiweiß: 36g

Fett: 1g

Gesättigtes Fett: 4g

Natrium: 775mg

Vitamin A: 5IU

Kalzium: 4mg

Eisen: 0,1mg

Leckeres Soja-mariniertes Steak

Zubereitungszeit: 20 Minuten

Zubereitungszeit: 55 Minuten

Portionen: 4

Zutaten:

- 1/2 gehackte Zwiebel
- .3 gehackte Knoblauchzehen
- 1/4 Tasse Olivenöl
- 1/4 Tasse Balsamico-Essig
- 1/4 Tasse Sojasauce
- 1 Esslöffel Dijon-Senf

- 1 Esslöffel Rosmarin
- 1 Teelöffel Salz nach Geschmack
- 1/2 Teelöffel gemahlener schwarzer Pfeffer zum Abschmecken
- 1 1/2 Pfund Flankensteak

Wegbeschreibung:

Fügen Sie in einer großen Rührschüssel alle Zutaten auf der Liste außer dem Steak hinzu und mischen Sie sie gründlich, um sie zu kombinieren.

Legen Sie das Steak in einen Ziploc-Beutel, gießen Sie die vorbereitete Marinade hinein und schütteln Sie es ordentlich, um es zu überziehen.

Legen Sie den Beutel in den Kühlschrank und lassen Sie das Steak etwa dreißig Minuten bis zwei volle Tage marinieren.

Heizen Sie den Wood Pellet Smoker und Grill auf 350-400 Grad F vor, nehmen Sie das Steak aus der Marinade und stellen Sie die Marinade beiseite, um es zu bestrahlen.

Legen Sie das Steak auf den vorgeheizten Grill und grillen Sie es etwa sechs bis acht Minuten, bis das Rindfleisch durcherhitzt ist.

Drehen Sie das Steak um und braten Sie es weitere sechs Minuten, bis ein eingeführtes Thermometer 150 Grad F anzeigt.

Legen Sie das Steak auf ein Schneidebrett und lassen Sie es ca. fünf Minuten ruhen. In Scheiben schneiden und servieren.

Ernährung:

Kalorien: 300

Fett: 20g

Kohlenhydrate: 8g

Eiweiß: 22g

Geräucherte italienische Frikadellen

Zubereitungszeit: 10 Minuten

Kochzeit: 30 Minuten

Portionen: 8

Zutaten:

- 1 Pfund Rinderhackfleisch
- 1 Pfund italienische Wurst
- ½ Tasse italienisches Paniermehl
- 1 Teelöffel trockener Senf
- ½ Tasse Parmesankäse (gerieben)
- 1 Teelöffel italienisches Gewürz
- 1 Jalapeno (fein gehackt)

- 2 Eier
- 1 Teelöffel Salz
- 1 Zwiebel (fein gewürfelt)
- 2 Teelöffel Knoblauchpulver
- ½ Teelöffel geräucherter Paprika
- 1 Teelöffel Oregano
- 1 Teelöffel zerstoßener roter Pfeffer
- 1 Esslöffel Worcestershire-Sauce

Wegbeschreibung:

Kombinieren Sie alle Zutaten in einer großen Rührschüssel. Mischen Sie, bis die Zutaten gut miteinander verbunden sind.

Formen Sie die Masse zu 1 ½ Zoll großen Kugeln und legen Sie die Kugeln auf ein gefettetes Backblech.

Heizen Sie den Holzpellet-Smoker auf 180°F vor und verwenden Sie Hickory-Pellets.

Legen Sie die Fleischbällchen auf den Grill und räuchern Sie sie 20 Minuten lang.

Erhöhen Sie die Temperatur des Grills auf 350°F und räuchern Sie, bis die Innentemperatur der Fleischbällchen 165°F erreicht.

Nehmen Sie die Fleischbällchen vom Grill und lassen Sie sie ein paar Minuten abkühlen.

Warm servieren und genießen.

Ernährung:

Kohlenhydrate: 12 g

Eiweiß: 28 g

Fett: 16 g

Natrium: 23 mg

Cholesterin: 21 mg

Geschmorte kurze Rippen

Zubereitungszeit: 25 Minuten

Kochzeit: 4 Stunden

Portionen: 2 bis 4

Zutaten:

4 Rinderkurzrippen

Salz

Frisch gemahlener schwarzer Pfeffer

½ Tasse Rinderbrühe

Wegbeschreibung:

Versorgen Sie Ihren Smoker mit Holzpellets und befolgen Sie die spezifische Inbetriebnahmeprozedur des Herstellers. Lassen Sie den Grill bei geschlossenem Deckel auf 180°F aufheizen.

Würzen Sie die Rippchen auf beiden Seiten mit Salz und Pfeffer.

Legen Sie die Rippchen direkt auf den Grillrost und räuchern Sie sie 3 Stunden lang.

Nehmen Sie die Rippchen vom Grill und legen Sie sie auf so viel Alufolie, dass sie vollständig eingewickelt sind.

Erhöhen Sie die Temperatur des Grills auf 375°F.

Falten Sie drei Seiten der Folie um die Rippchen ein und geben Sie die Rinderbrühe hinzu. Die letzte Seite einklappen, sodass die Rippchen und die Flüssigkeit vollständig eingeschlossen sind.

Bringen Sie die eingewickelten Rippchen wieder auf den Grill und garen Sie sie weitere 45 Minuten.

Nehmen Sie die Short Ribs vom Grill, wickeln Sie sie aus und servieren Sie sie sofort.

Master-Tipp

Das Hinzufügen von Kräutern zu Ihrem Wrap, wie z. B. Rosmarin oder Thymian, kann den kurzen Rippen ein frisches, köstliches Aroma verleihen.

Ernährung:

Kalorien: 240

Fett: 23g

Kohlenhydrate: 1g

Ballaststoffe 0g

Eiweiß: 33g

Gegrillte Steak- und Gemüsespieße

Zubereitungszeit: 15 Minuten

Kochzeit: 20 Minuten

Portionen: 5

Zutaten:

Marinade

1/4 Tasse Olivenöl

1/4 Tasse Sojasauce

1 1/2 Esslöffel frischer Zitronensaft

1 1/2 Esslöffel Rotweinessig

2 1/2 Esslöffel Worcestershire-Sauce

1 Esslöffel Honig

2 Teelöffel Dijon-Senf

1 Esslöffel Knoblauch

1 Teelöffel frisch gemahlener schwarzer Pfeffer zum Abschmecken

Spieße

1 3/4 Pfund Lendensteak

1 Zucchini in Scheiben geschnitten.

3 geschnittene Paprikaschoten

1 große und in Scheiben geschnittene rote Zwiebel

1 Esslöffel Olivenöl

Salz und frisch gemahlener schwarzer Pfeffer zum Abschmecken

1/2 Teelöffel Knoblauchpulver

Wegbeschreibung:

Geben Sie in einer großen Rührschüssel Öl, Sojasauce, Zitronensaft, Rotweinessig, Worcestershire-Sauce, Dijon, Honig, Knoblauch und Pfeffer hinzu und mischen Sie alles gut durch.

Schneiden Sie das Steak mit einem scharfen Messer in kleinere Stücke oder Würfel und geben Sie es in einen wiederverschließbaren Beutel.

Gießen Sie die Marinade in den Beutel mit dem Steak und schütteln Sie es, bis es bedeckt ist. Lassen Sie das Steak für etwa drei bis sechs Stunden im Kühlschrank marinieren.

Heizen Sie den Wood Pellet Smoker und Grill auf 425 Grad F vor. Geben Sie das Gemüse in eine Rührschüssel, fügen Sie Öl, Knoblauchpulver, Salz und Pfeffer hinzu und mischen Sie es.

Gemüse und Steak abwechselnd auf Spieße fädeln, die Spieße auf den vorgeheizten Grill legen und ca. acht bis neun Minuten grillen, bis es durchgebraten ist.

Stellen Sie sicher, dass Sie die Spieße während des Garens gelegentlich wenden. Servieren.

Ernährung:

Kalorien: 350; Fett: 14g; Kohlenhydrate: 18g; Eiweiß: 34g

Gegrillte Barbecue-Rindsrippen

Zubereitungszeit: 30 Minuten

Kochzeit: 1 Stunde

Portionen: 4

Zutaten:

- 1/2 Tasse Dijon-Senf
- 2 Esslöffel Apfelessig
- 3 lbs. Spareribs
- 4 Esslöffel Paprikapulver
- 1/2 Esslöffel Chilipulver
- 1 1/2 Esslöffel Knoblauchpulver

- 2 Teelöffel gemahlener Kreuzkümmel
- 2 Teelöffel Zwiebelpulver
- 1 1/2 Esslöffel gemahlener schwarzer Pfeffer zum Abschmecken
- 2 Esslöffel Salz nach Geschmack
- 2 Esslöffel Butter, die optional ist

Wegbeschreibung:

Heizen Sie einen Wood Pellet Smoker und Grill auf 350 Grad F vor. Geben Sie in einer kleinen Rührschüssel den Senf und den Essig hinzu und verrühren Sie alles gut miteinander.

Reiben Sie die Spareribs mit der Mischung ein, so dass alle Seiten bedeckt sind. Geben Sie in einer anderen Rührschüssel Paprikapulver, Chilipulver, Knoblauchpulver, Kreuzkümmel, Zwiebelpulver, Salz und Pfeffer nach Geschmack hinzu und mischen Sie alles gut durch.

Eine kleine Menge der Mischung zurückbehalten, die Spareribs mit der restlichen Gewürzmischung würzen und von allen Seiten bestreichen.

Wickeln Sie die gewürzten Rippchen in Alufolie ein, bestreichen Sie sie nach Wunsch mit der Butter und legen Sie sie auf den vorgeheizten Grill.

Grillen Sie die Rippchen etwa eine Stunde lang, bis sie durchgegart sind. Achten Sie darauf, dass Sie sie alle zwanzig Minuten wenden.

Sobald die Rippchen durchgegart sind, nehmen Sie sie vom Grill, wickeln die Alufolie aus und grillen die Rippchen weitere zwei bis fünf Minuten, bis sie knusprig sind.

Lassen Sie die Rippchen ein paar Minuten abkühlen, schneiden Sie sie in Scheiben und servieren Sie sie.

Ernährung:

Kalorien: 280

Fett: 42g

Cholesterin: 94mg

Kohlenhydrate: 6g

Eiweiß: 55g

Schweinefleisch

Geräucherte Schweinelende

Zubereitungszeit: 15 Minuten

Kochzeit: 3 Stunden

Portionen: 4

Zutaten:

- ½ Quart Apfelsaft
- ½ Liter Apfelessig
- ½ Tasse Zucker

- ¼ Tasse Salz
- 2 Esslöffel frisch gemahlener Pfeffer
- 1 Schweinerückenbraten
- ½ Tasse griechisches Gewürz

Wegbeschreibung:

Nehmen Sie einen großen Behälter und stellen Sie die Salzlakenmischung her, indem Sie Apfelsaft, Essig, Salz, Pfeffer, Zucker und Flüssigrauch hinzufügen und umrühren

Rühren Sie weiter, bis sich der Zucker und das Salz aufgelöst haben und fügen Sie die Lende hinzu

Fügen Sie bei Bedarf mehr Wasser hinzu, um das Fleisch unterzutauchen

Abdecken und über Nacht kühl stellen

Heizen Sie Ihren Smoker auf 250 Grad Fahrenheit mit Hickory Preferred Wood Pellet vor

Das Fleisch mit griechischem Gewürz bestreichen und in den Smoker geben

Räucherofen für 3 Stunden, bis die innere Rauchtemperatur des dicksten Teils 160 Grad Fahrenheit registriert

Servieren und genießen!

Ernährung:

Kalorien: 169

Fette: 5g

Kohlenhydrate: 3g

Faser: 3g

Geräucherte Rippchen mit Erdbeeren und Jalapeno

Zubereitungszeit: 15 Minuten

Kochzeit: 3 Stunden

Portionen: 4

Zutaten:

- 3 Esslöffel Salz
- 2 Esslöffel gemahlener Kreuzkümmel
- 1 Esslöffel getrockneter Oregano
- 1 Esslöffel Knoblauch, gehackt
- 2 Teelöffel Chilipulver
- 1 Teelöffel gemahlener schwarzer Pfeffer
- 1 Teelöffel Selleriesamen
- 1 Teelöffel getrockneter Thymian

- 1 Rack Spareribs
- 2 Platten Babyback-Schweinerippchen
- 1 Tasse Apfelsaft
- 2 Jalapeno-Paprikaschoten, längs halbiert, entkernt
- ½ Tasse Bier
- ½ Tasse Zwiebel, gehackt
- ¼ Tasse zuckerfreie Erdbeere
- 3 Esslöffel BBQ-Sauce
- 1 Esslöffel Olivenöl
- 2 Knoblauchzehen
- Salz und Pfeffer nach Geschmack

Wegbeschreibung:

Nehmen Sie eine Schüssel und geben Sie Salz, Oregano, Kreuzkümmel und gehackten Knoblauch, 1 Teelöffel gemahlenen schwarzen Pfeffer, Chilipulver, gemahlenen Thymian und Selleriesamen hinzu

Übertragen Sie die Mischung in eine Küchenmaschine

Legen Sie Ihre Baby-Back-Rib-Platten und den Spare-Rib-Rack auf ein Blatt Alufolie und reiben Sie die Gewürzmischung über den ganzen Körper

Falten Sie die Folie jeweils um

Teilen Sie den Apfelsaft auf die Folienpakete auf, gießen Sie ihn darüber und verschließen Sie die Ränder mit Folie

Lassen Sie sie für etwa 8 Stunden oder über Nacht marinieren

Bereiten Sie Ihr Ofengestell vor und platzieren Sie es ca. 15 cm von der Preferred Wood Pellet-Quelle entfernt und heizen Sie den Broiler Ihres Ofens vor

Legen Sie ein Backblech mit der Alufolie aus und legen Sie die Jalapeno-Schote mit der Schnittfläche nach unten darauf

Jalapeno-Paprikaschoten 8 Minuten unter dem Broiler garen, bis die Haut geschwärzt ist

Geben Sie sie in einen Plastikbeutel mit Reißverschluss

Lassen Sie die Paprika 20 Minuten abdampfen

Entfernen Sie sie und entsorgen Sie die Haut

Die Jalapeno-Schoten, die Zwiebel, das Bier, die Erdbeerkonfitüre, das Olivenöl, die BBQ-Sauce, das Meersalz und nur eine Prise gemahlenen schwarzen Pfeffer zusammen in einem Mixer pürieren, bis die Sauce ganz glatt ist

Die Sauce in ein Gefäß umfüllen und mit einem Deckel abdecken, 8 Stunden oder über Nacht kühl stellen

Heizen Sie Ihren Ofen auf etwa 200 Grad Fahrenheit vor und garen Sie die Rippchen für etwa eine Stunde

Erhöhen Sie die Temperatur auf 225 Grad Fahrenheit und kochen Sie für weitere 2-3 Stunden weiter

Heizen Sie Ihren Smoker auf eine Räuchertemperatur von 250 Grad Fahrenheit vor

Packen Sie die gekochten Rippchen aus und entsorgen Sie den Apfelsaft

Legen Sie sie oben auf Ihren Smoker

Garen Sie das Fleisch auf dem Smoker, bis die Oberfläche des Fleisches fein abgetrocknet ist, das sollte etwa 5-10 Minuten dauern. Garen Sie dann weiter und stellen Sie sicher, dass Sie das Fleisch nach jeweils 15 Minuten mit der Sauce bepinseln

Drehen Sie ihn nach 30 Minuten um

Wiederholen Sie den Vorgang und kochen Sie 1 Stunde lang

Heiß servieren, wenn sie weich sind

Ernährung:

Kalorien: 169

Fette: 5g

Kohlenhydrate: 3g

Faser: 3g

Einfacher Schweinefleisch-Fleischbraten

Zubereitungszeit: 15 Minuten

Kochzeit: 4-5 Stunden

Portionen: 4

Zutaten:

- 1 ganzer 4-5 Pfund Chuck Braten
- ¼ Tasse Olivenöl
- ¼ Tasse fest verpackter brauner Zucker
- 2 Esslöffel Cajun-Gewürz
- 2 Esslöffel Paprika
- 2 Esslöffel Cayennepfeffer

Wegbeschreibung:

Heizen Sie Ihren Smoker auf 225 Grad Fahrenheit vor und verwenden Sie Eiche Preferred Wood Pellet

Chuck-Braten rundherum mit Olivenöl einreiben

Nehmen Sie eine kleine Schüssel und fügen Sie braunen Zucker, Paprika, Cajun-Gewürz, Cayennepfeffer

Den Braten gut mit der Gewürzmischung bestreichen

Chuck Roast auf das Räuchergestell legen und 4-5 Stunden räuchern

Sobald die innere Rauchtemperatur 165 Grad Fahrenheit erreicht hat, nehmen Sie das Fleisch heraus und schneiden es in Scheiben

Viel Spaß!

Ernährung:

Kalorien: 219

Fette: 16g

Kohlenhydrate: 0g

Ballaststoffe: 3g

Jalapeno-Bacon Pork

Zubereitungszeit: 25 Minuten

Zubereitungszeit: 2 Stunden und 30 Minuten

Portionen: 4 bis 6

Zutaten:

- ¼ Tasse gelber Senf
- 2 (1 Pfund) Schweinefilets
- ¼ Tasse <u>Our House Dry Rub</u>
- 8 Unzen Frischkäse, erweicht
- 1 Tasse geriebener Cheddar-Käse
- 1 Esslöffel ungesalzene Butter, geschmolzen
- 1 Esslöffel gehackter Knoblauch

- 2 Jalapeño-Paprika, entkernt und gewürfelt
- 1½ Pfund Speck

Wegbeschreibung:

Bestreichen Sie die Schweinefilets mit dem Senf und bestreuen Sie sie dann großzügig mit dem Dry Rub, um das Fleisch zu bedecken.

Versorgen Sie Ihren Smoker mit Preferred Wood Pellet-Pellets und befolgen Sie die spezifische Inbetriebnahmeprozedur des Herstellers. Heizen Sie bei geschlossenem Deckel auf 225°F vor.

Legen Sie die Filetstücke direkt auf den Grill, schließen Sie den Deckel und räuchern Sie sie 2 Stunden lang.

Nehmen Sie das Schweinefleisch vom Grill und erhöhen Sie die Räuchertemperatur auf 375°F.

Vermengen Sie in einer kleinen Schüssel den Frischkäse, den Cheddar-Käse, die geschmolzene Butter, den Knoblauch und die Jalapeños.

Schneiden Sie von oben beginnend die Mitte jedes Filetstücks von Ende zu Ende tief ein, sodass ein Hohlraum entsteht.

Streichen Sie die Hälfte der Frischkäsemischung in die Vertiefung eines Filetstücks. Wiederholen Sie den Vorgang mit der restlichen Mischung und dem anderen Fleischstück.

Umwickeln Sie ein Filet sicher mit der Hälfte des Specks. Wiederholen Sie den Vorgang mit dem restlichen Speck und dem anderen Fleischstück.

Legen Sie die mit Speck umwickelten Filets auf den Grill, schließen Sie den Deckel und räuchern Sie sie etwa 30 Minuten lang, oder bis ein Fleischthermometer an der dicksten Stelle des Fleisches 160°F anzeigt und der Speck gebräunt und durchgegart ist.

Lassen Sie die Filetstücke 5 bis 10 Minuten ruhen, bevor Sie sie in Scheiben schneiden und servieren.

Ernährung:

Kalorien: 527 kCal

Geräucherte Braten

Zubereitungszeit: 10 Minuten

Garzeit: 1 Stunde und 30 Minuten - 2 Stunden

Portionen: 10

Zutaten:

- 4 (12-ounce) Dosen Bier
- 2 Zwiebeln, in Ringe geschnitten
- 2 grüne Paprikaschoten, in Ringe geschnitten
- 2 Esslöffel ungesalzene Butter, plus mehr für die Brötchen
- 2 Esslöffel rote Paprikaflocken
- 10 Bratwürste, ungekocht
- 10 Hoagie-Brötchen, geteilt
- Senf, zum Servieren

Wegbeschreibung:

Bringen Sie auf Ihrem Küchenherd in einem großen Topf bei starker Hitze das Bier, die Zwiebeln, die Paprika, die Butter und die roten Pfefferflocken zum Kochen.

Versorgen Sie Ihren Smoker mit Preferred Wood Pellet-Pellets und befolgen Sie die spezifische Inbetriebnahmeprozedur des Herstellers. Heizen Sie bei geschlossenem Deckel auf 225°F vor.

Stellen Sie eine Einwegpfanne auf eine Seite des Grills und gießen Sie die erwärmte Biermischung hinein, sodass eine "Bratwanne" entsteht (siehe Tipp unten).

Legen Sie die Braten auf die andere Seite des Grills, direkt auf den Rost, und schließen Sie den Deckel und räuchern Sie sie 1 Stunde lang, wobei Sie sie 2 oder 3 Mal wenden.

Geben Sie die Bratlinge mit den Zwiebeln und Paprika in die Pfanne, decken Sie sie fest mit Alufolie ab und räuchern Sie sie bei geschlossenem Deckel 30 Minuten bis 1 Stunde weiter, oder bis ein in die Bratlinge eingeführtes Fleischthermometer 160°F anzeigt.

Buttern Sie die Schnittseiten der Hoagie-Brötchen und toasten Sie sie mit der Schnittseite nach unten auf dem Grill.

Nehmen Sie die Braten, Zwiebeln und Paprika mit einem Schaumlöffel aus der Kochflüssigkeit und entsorgen Sie die Flüssigkeit.

Servieren Sie die Bratlinge auf den getoasteten Brötchen, belegt mit den Zwiebeln und Paprika und Senf (Ketchup optional).

Ernährung:

Kalorien: 337 kCal

Country Land-Schweinebraten

Zubereitungszeit: 20 Minuten

Kochzeit: 3 Stunden

Portionen: 8

Zutaten:

- 1 (28-Unzen-) Glas oder 2 (14,5-Unzen-) Dosen Sauerkraut
- 3 Granny-Smith-Äpfel, entkernt und zerkleinert
- ¾ Tasse verpackter hellbrauner Zucker
- 3 Esslöffel griechisches Gewürz
- 2 Teelöffel getrocknete Basilikumblätter
- Natives Olivenöl extra, zum Einreiben
- 1 (2- bis 2½-Pfund) Schweinerückenbraten

Wegbeschreibung:

Versorgen Sie Ihren Smoker mit Preferred Wood Pellet-Pellets und befolgen Sie die spezifischen Anweisungen des Herstellers zur Inbetriebnahme. Heizen Sie bei geschlossenem Deckel auf 250°F vor.

Rühren Sie das Sauerkraut, die gehackten Äpfel und den braunen Zucker in einer großen Schüssel zusammen.

Verteilen Sie die Sauerkraut-Apfel-Mischung auf dem Boden einer 9 x 13-Zoll-Backform.

Mischen Sie in einer kleinen Schüssel das griechische Gewürz und das getrocknete Basilikum für den Rub.

Den Schweinebraten einölen und einreiben, dann mit der Fettseite nach oben in die Auflaufform legen, auf das Sauerkraut.

Stellen Sie die Auflaufform auf den Grill, schließen Sie den Deckel und braten Sie das Schweinefleisch 3 Stunden lang oder bis ein in die dickste Stelle des Fleisches eingeführtes Fleischthermometer 160°F anzeigt.

Nehmen Sie den Schweinebraten aus der Auflaufform und lassen Sie ihn 5 Minuten ruhen, bevor Sie ihn in Scheiben schneiden.

Zum Servieren die Sauerkraut-Apfel-Mischung auf Tellern verteilen und mit dem in Scheiben geschnittenen Schweinefleisch belegen.

Ernährung:

Kalorien: 459 Kalorien459kca

Eingelegte Paprika-Schweinekoteletts

Zubereitungszeit: 15 Minuten

Kochzeit: 45-50 Minuten

Portionen: 4

Zutaten:

- 4 (1 Zoll dicke) Schweinekoteletts
- ½ Tasse eingelegter Jalapeño-Saft oder Gurkensaft
- ¼ Tasse gehackte eingelegte (im Glas) Jalapeño-Pfeffer-Scheiben
- ¼ Tasse gehackte geröstete rote Paprika
- ¼ Tasse gewürfelte Tomaten aus der Dose, gut abgetropft
- ¼ Tasse gehackte Frühlingszwiebeln

- 2 Teelöffel Geflügelgewürz
- 2 Teelöffel Salz
- 2 Teelöffel frisch gemahlener schwarzer Pfeffer

Wegbeschreibung:

Gießen Sie den Jalapeño-Saft in einen großen Behälter mit Deckel. Die Schweinekoteletts hinzugeben, abdecken und mindestens 4 Stunden oder über Nacht im Kühlschrank marinieren, nach Belieben mit Gurkensaft ergänzen oder ersetzen.

Vermengen Sie in einer kleinen Schüssel die gehackten eingelegten Jalapeños, geröstete rote Paprika, Tomaten, Frühlingszwiebeln und Geflügelgewürz zu einem Relish. Beiseite stellen.

Nehmen Sie die Schweinekoteletts aus der Marinade und schütteln Sie den Überschuss ab. Entsorgen Sie die Marinade. Würzen Sie beide Seiten der Koteletts mit Salz und Pfeffer.

Versorgen Sie Ihren Smoker mit Preferred Wood Pellet-Pellets und befolgen Sie die spezifische Inbetriebnahmeprozedur des Herstellers. Heizen Sie den Smoker bei geschlossenem Deckel auf 325°F vor.

Legen Sie die Schweinekoteletts direkt auf den Grill, schließen Sie den Deckel und räuchern Sie sie 45 bis 50 Minuten lang, ohne sie zu wenden, bis ein in das Fleisch eingeführtes Fleischthermometer 160°F anzeigt.

Zum Servieren die Koteletts auf Teller verteilen und mit dem eingelegten Paprikarelish garnieren.

Ernährung:

Kalorien: 663 kCal

Lamm

Holzpellet geräucherte Lammschulter

Zubereitungszeit: 15 Minuten

Zubereitungszeit: 1 Stunde und 30 Minuten

Portionen: 7

Zutaten:

Für geräucherte Lammschulter

- 5 lb. Lammschulter, ohne Knochen und überschüssiges Fett abgeschnitten
- 2 Esslöffel koscheres Salz
- 2 Esslöffel schwarzer Pfeffer
- 1 Esslöffel Rosmarin, getrocknet

Die Injektion

- 1 Tasse Apfelessig

Der Spritz

- 1 Tasse Apfelessig
- 1 Tasse Apfelsaft

Wegbeschreibung:

Heizen Sie den Holzpellet-Smoker mit einer Wasserpfanne auf 2250 F vor.

Spülen Sie das Lamm unter kaltem Wasser ab und tupfen Sie es dann mit einem Papiertuch trocken. Spritzen Sie den Essig auf das Lamm.

Das Lammfleisch erneut trocknen und mit Öl, Salz, schwarzem Pfeffer und Rosmarin einreiben. Mit Küchengarn binden.

Räuchern Sie 1 Stunde lang unbedeckt und spritzen Sie dann alle 15 Minuten, bis die Innentemperatur 1950 F erreicht.

Nehmen Sie das Lammfleisch vom Grill und legen Sie es auf eine Platte. Lassen Sie es abkühlen, bevor Sie es zerkleinern und mit Ihrer Lieblingsseite genießen.

Ernährung:

Kalorien: 240; Fett: 19g; Eiweiß: 17g

Holzpellet-geräucherte Lammfleisch-Schieber

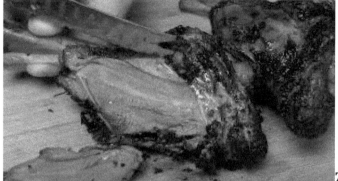

Zubereitungszeit: 10 Minuten

Kochzeit: 7 Stunden

Portionen: 7

Zutaten:

- 5 lb. Lammschulter, ohne Knochen
- 1/2 Tasse Olivenöl
- 1/4 Tasse Trockenreibe
- 10 oz Schorle

Der Dry Rub

- 1/3 Tasse koscheres Salz
- 1/3 Tasse Pfeffer, gemahlen
- 1-1/3 Tasse Knoblauch, granuliert

Der Spritz

- 4 oz Worcestershire-Sauce
- 6 oz Apfelessig

Wegbeschreibung:

Heizen Sie den Holzpellet-Smoker mit einem Wasserbad auf 2500 F vor.

Schneiden Sie das Fett vom Lamm ab und reiben Sie es mit Öl und Dry Rub ein.

Legen Sie das Lamm für 90 Minuten in den Smoker und besprühen Sie es dann alle 30 Minuten mit einer Sprühflasche, bis die Innentemperatur 1650 F erreicht.

Die Lammschulter mit der restlichen Spritzflüssigkeit in eine Folienpfanne geben und dicht mit Folie abdecken.

Zurück in den Smoker legen und räuchern, bis die Innentemperatur 2000 F erreicht.

Aus dem Räucherofen nehmen und 30 Minuten ruhen lassen, bevor Sie das Lamm herausnehmen und mit Salat, Brötchen oder Aioli servieren. Genießen Sie.

Ernährung:

Kalorien: 339; Fett: 22g; Kohlenhydrate: 16g; Eiweiß: 18g

Geräucherte Lamm-Frikadellen

Zubereitungszeit: 10 Minuten

Kochzeit: 1 Stunde

Portionen: 5

Zutaten:

- 1 lb. Lammschulter, gemahlen
- 3 Knoblauchzehen, fein gewürfelt
- 3 Esslöffel Schalotte, gewürfelt
- 1 Esslöffel Salz
- 1 Ei
- 1/2 Esslöffel Pfeffer

- 1/2 Esslöffel Kreuzkümmel
- 1/2 Esslöffel geräucherter Paprika
- 1/4 Esslöffel rote Paprikaflocken
- 1/4 Esslöffel Zimt, gemahlen
- 1/4 Tasse Panko-Paniermehl

Wegbeschreibung:

Stellen Sie den Holzpellet-Smoker auf 2500 F ein und verwenden Sie ein Obstholz.

Vermengen Sie in einer Rührschüssel alle Zutaten für die Frikadellen, bis sie gut vermischt sind.

Formen Sie kleine Kugeln und legen Sie sie auf ein Backblech. Legen Sie das Backblech in den Smoker und räuchern Sie, bis die Innentemperatur 1600 F erreicht.

Aus dem Smoker nehmen und servieren. Genießen Sie.

Ernährung:

Kalorien: 73

Fett: 5g

Kohlenhydrate: 2g

Eiweiß: 5g

Lammkarree mit Krone

Zubereitungszeit: 10 Minuten

Kochzeit: 30 Minuten

Portionen: 6

Zutaten:

- 2 Lammkarrees, gebraten
- 1 Esslöffel Knoblauch, zerdrückt
- 1 Esslöffel Rosmarin, fein gehackt
- 1/4 Tasse Olivenöl
- 2 Fuß Schnur

Wegbeschreibung:

Spülen Sie die Racks mit kaltem Wasser ab und tupfen Sie sie mit einem Papiertuch trocken.

Legen Sie die Racks auf ein flaches Brett und ritzen Sie dann zwischen jedem Knochen etwa ¼ Zoll tief ein.

Mischen Sie Knoblauch, Rosmarin und Öl in einer Schüssel und bestreichen Sie das Lamm großzügig damit.

Nehmen Sie jede Lammkarre und biegen Sie sie zu einem Halbkreis, so dass eine kronenartige Form entsteht.

Verwenden Sie die Schnur, um die Gestelle von unten nach oben etwa 4 Mal zu umwickeln. Achten Sie darauf, die Schnur fest zu binden, damit die Gestelle zusammenbleiben.

Heizen Sie die Holzpellets auf 400-4500 F vor und legen Sie die Lammracks auf eine Backform.

10 Minuten kochen, dann die Temperatur auf 3000 F reduzieren. 20 weitere Minuten kochen oder bis die Innentemperatur 1300 F erreicht.

Nehmen Sie das Lammkarree aus dem Holzpellet und lassen Sie es 15 Minuten ruhen.

Heiß mit Gemüse und Kartoffeln servieren. Genießen.

Ernährung:

Kalorien: 390; Fett: 35g; Eiweiß: 17g

Holzpellet-geräucherte Lammkeule

Zubereitungszeit: 15 Minuten

Kochzeit: 3 Stunden

Portionen: 6

Zutaten:

- 1 Lammkeule, ohne Knochen
- 4 Knoblauchzehen, gehackt
- 2 Esslöffel Salz
- 1 Esslöffel schwarzer Pfeffer, frisch gemahlen
- 2 Esslöffel Oregano

- 1 Esslöffel Thymian
- 2 Esslöffel Olivenöl

Wegbeschreibung:

Schneiden Sie überschüssiges Fett vom Lamm ab und binden Sie das Lamm mit Bindegarn zu einem schönen Braten.

Mischen Sie Knoblauch, Gewürze und Öl in einer Schüssel. Das Lamm damit einreiben, in eine Plastiktüte wickeln und eine Stunde lang im Kühlschrank marinieren lassen.

Legen Sie das Lamm auf einen Räucherofen, der auf 2500 F eingestellt ist. Räuchern Sie das Lamm für 4 Stunden oder bis die Innentemperatur 1450 F erreicht.

Aus dem Smoker nehmen und zum Abkühlen ruhen lassen. Servieren und genießen.

Ernährung:

Kalorien: 350

Fett: 16g

Kohlenhydrate: 3g

Eiweiß: 49g

Einfache gegrillte Lammkoteletts

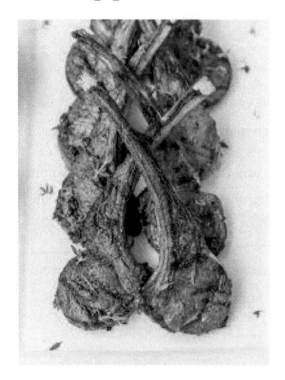

Zubereitungszeit: 10 Minuten

Kochzeit: 6 Minuten

Portionen: 6

Zutaten:

- 1/4 Tasse destillierter weißer Essig
- 2 Esslöffel Salz
- 1/2 Esslöffel schwarzer Pfeffer

- 1 Esslöffel Knoblauch, gehackt
- 1 Zwiebel, in dünne Scheiben geschnitten
- 2 Esslöffel Olivenöl
- 2 lb. Lammkoteletts

Wegbeschreibung:

Mischen Sie in einem wiederverschließbaren Beutel Essig, Salz, schwarzen Pfeffer, Knoblauch, geschnittene Zwiebeln und Öl, bis sich das Salz vollständig aufgelöst hat.

Fügen Sie die Lammkoteletts hinzu und schwenken Sie sie, bis sie gut bedeckt sind. Zum Marinieren für 2 Stunden in den Kühlschrank stellen.

Heizen Sie den Holzpelletgrill auf hohe Hitze vor.

Nehmen Sie das Lamm aus dem Kühlschrank und entsorgen Sie die Marinade. Wickeln Sie alle freiliegenden Knochen mit Folie ein.

Grillen Sie das Lamm für 3 Minuten pro Seite. Für mehr Knusprigkeit können Sie das Lamm auch im Broiler grillen.

Servieren und genießen.

Ernährung:

Kalorien: 519; Fett: 45g; Kohlenhydrate: 2g; Eiweiß: 25g

Pikante chinesische Kreuzkümmel-Lammspieße

Zubereitungszeit: 20 Minuten

Kochzeit: 6 Minuten

Portionen: 10

Zutaten:

- 1 lb. Lammschulter, in 1/2-Zoll-Stücke geschnitten
- 10 Spieße
- 2 Esslöffel gemahlener Kreuzkümmel
- 2 Esslöffel rote Paprikaflocken
- 1 Esslöffel Salz

Wegbeschreibung:

Fädeln Sie die Lammstücke auf Spieße.

Heizen Sie den Holzpelletgrill auf mittlere Hitze vor und ölen Sie den Grillrost leicht ein.

Legen Sie die Spieße auf den Grillrost und garen Sie sie unter gelegentlichem Wenden. Kreuzkümmel, Paprikaflocken und Salz bei jedem Wenden des Spießes darüber streuen.

6 Minuten kochen oder bis sie schön gebräunt sind.

Servieren und genießen.

Ernährung:

Kalorien: 77

Fett: 5g

Kohlenhydrate: 2g

Eiweiß: 6g

Geflügel

Paprika-Huhn

Zubereitungszeit: 20 Minuten

Garzeit: 2 - 4 Stunden

Portionen: 7

Zutaten:

- 4-6 Hähnchenbrust
- 4 Esslöffel Olivenöl
- 2 Esslöffel geräucherter Paprika
- ½ Esslöffel Salz

- ¼ Teelöffel Pfeffer

- 2 Teelöffel Knoblauchpulver

- 2 Teelöffel Knoblauchsalz

- 2 Teelöffel Pfeffer

- 1 Teelöffel Cayennepfeffer

- 1 Teelöffel Rosmarin

Wegbeschreibung:

Heizen Sie Ihren Smoker auf 220 Grad Fahrenheit vor und verwenden Sie Ihre bevorzugten Holzpellets

Bereiten Sie die Hähnchenbrust in der gewünschten Form zu und geben Sie sie in eine gefettete Auflaufform

Nehmen Sie eine mittelgroße Schüssel und geben Sie die Gewürze hinzu, rühren Sie gut um

Drücken Sie die Gewürzmischung über das Huhn und bringen Sie das Huhn in den Smoker

Räuchern für 1-1 und ½ Stunden

Umdrehen und weitere 30 Minuten kochen

Sobald die Innentemperatur 165 Grad Fahrenheit erreicht

Aus dem Smoker nehmen und mit Folie abdecken

Lassen Sie es 15 Minuten ruhen

Viel Spaß!

Ernährung:

Kalorien: 237

Fette: 6.1g

Kohlenhydrate: 14g

Faser: 3g

Gänsebrust mit Zitrusgeschmack

Zubereitungszeit: 6 Stunden

Kochzeit: 40 Minuten

Portionen: 6

Zutaten:

- ½ Tasse Orangensaft
- 1/3 Tasse Olivenöl
- 1/3 Tasse Dijon-Senf
- 1/3 Tasse brauner Zucker
- ¼ Tasse Sojasauce
- ¼ Tasse Honig
- 1 Esslöffel getrocknete gehackte Zwiebel
- 1 Teelöffel Knoblauchpulver
- 8 Gänsebrusthälften

- 1 Tasse eingeweichte Hickory-Holzspäne

Wegbeschreibung:

Nehmen Sie eine mittelgroße Schüssel und verquirlen Sie den Orangensaft, den Senf, das Olivenöl, die Sojasauce, den Zwiebelzucker, den Honig und das Knoblauchpulver. Mischen Sie die Marinade gut.

Legen Sie die Gans in die Marinade und decken Sie sie zu.

Lassen Sie es etwa 3-6 Stunden im Kühlschrank ruhen. Heizen Sie Ihren Smoker auf eine Temperatur von 300 Grad Fahrenheit vor. Fügen Sie einige eingeweichte Hickory-Holzspäne hinzu, um zusätzlichen Rauch zu erzeugen.

Legen Sie die Brüste auf den Rost und bestreichen Sie sie in den ersten 30 Minuten gelegentlich mit der Marinade.

Räuchern Sie sie, bis der Saft klar abläuft und die Brust eine Innentemperatur von 165 Grad Fahrenheit erreicht.

Ernährung:

Kalorien: 1094

Eiweiß: 32g

Kohlenhydrate: 14g

Fett: 64g

Geräucherter brauner Zucker Truthahn

Zubereitungszeit: 15 Minuten

Kochzeit: 8 Stunden

Portionen: 6

Zutaten:

- 2 Pfund. Putenbrust
- 4 Tassen Kaltwasser
- ¼ Tasse Salz
- 1 Tasse brauner Zucker
- 2 Esslöffel Knoblauchpulver
- 1 Esslöffel Meersalz
- 1 Esslöffel Cayennepfeffer

- 2 Esslöffel getrocknete Zwiebeln
- 2 Esslöffel Zucker
- 2 Esslöffel Chilipulver
- 2 Esslöffel Schwarzer Pfeffer
- 2 Esslöffel Kreuzkümmel
- ¼ Tasse Paprika
- 2 Esslöffel Brauner Zucker

Wegbeschreibung:

Mischen Sie in einer ausreichend großen Schüssel alle Zutaten für die Salzlake außer dem Truthahn.

Fügen Sie den Truthahn hinzu und bedecken Sie ihn gut mit Salzlake. Stellen Sie diese Schüssel für etwa 15-20 Stunden in den Kühlschrank.

Nehmen Sie den Truthahn aus der Salzlake heraus.

Bereiten Sie Ihren Wood Pellet Smoker-Grill vor, indem Sie ihn auf eine Temperatur von ca. 180°F vorheizen. Schließen Sie den Deckel für etwa 15 Minuten, bevor Sie den Truthahn hineinlegen.

Bereiten Sie den BBQ-Rub mit den mitgelieferten Zutaten zu und bestreichen Sie den Truthahn damit.

Geben Sie den gewürzten Truthahn direkt auf den Grillrost.

Lassen Sie das Fleisch ca. 6-8 Stunden räuchern, um eine Innentemperatur von ca. 160°F zu erreichen.

Nehmen Sie den geräucherten Truthahn von Ihrem Smoker-Grill und lassen Sie ihn mindestens 10 Minuten ruhen.

Ernährung:

Kalorien: 155

Eiweiß: 29g

Kohlenhydrate: 8g

Fett: 3g

Süß geräuchertes Ingwer-Zitronen-Hähnchen

Zubereitungszeit: 30 Minuten

Kochzeit: 6Stunden

Portionen: 1

Zutaten:

- Ganzes Huhn 2 (4-lbs., 1,8-kgs)
- Olivenöl - ¼ Tasse
- Der Reib
- Salz - ¼ Tasse
- Pfeffer - 2 Esslöffel
- Knoblauchpulver - ¼ Tasse

Die Befüllung

- Frischer Ingwer - 8, je 1-Zoll
- Zimtstangen - 8
- Geschnittene Zitrone - ½ Tasse
- Gewürznelken - 6

Der Rauch

Heizen Sie den Smoker eine Stunde vor dem Räuchern vor.

Geben Sie während der Räucherzeit eingeweichte Hickory-Holzspäne hinzu.

Wegbeschreibung:

Heizen Sie einen Smoker auf 225°F (107°C) vor. Verwenden Sie eingeweichte Hickory-Holzspäne, um indirekte Hitze zu erzeugen.

Reiben Sie das Hähnchen mit Salz, Pfeffer und Knoblauchpulver ein und stellen Sie es beiseite.

Füllen Sie die Hähnchenhöhlen mit Ingwer, Zimtstangen, Nelken und Zitronenscheiben und bestreichen Sie das Hähnchen mit Olivenöl.

Wenn der Smoker bereit ist, legen Sie das ganze Hähnchen auf den Rost des Smokers.

Räuchern Sie das ganze Huhn 4 Stunden lang und prüfen Sie dann, ob die Innentemperatur 160°F (71°C) erreicht hat.

Wenn das Hähnchen gar ist, nehmen Sie es aus dem Räucherofen und lassen Sie es ein paar Minuten warm werden.

Servieren und sofort genießen oder in Scheiben schneiden.

Ernährung:

Kohlenhydrate: 27 g

Eiweiß: 19 g

Natrium: 65 mg

Cholesterin: 49 mg

Buffalo Hähnchenschenkel

Zubereitungszeit: 30 Minuten

Kochzeit: 6Stunden

Portionen: 1

Zutaten:

- 4-6 Hähnchenschenkel ohne Haut, ohne Knochen
- Traeger-Schweine- und Geflügel-Rub
- 4 Esslöffel Butter
- 1 Tasse Sauce; Büffelflügel
- Bleu-Käse-Brösel
- Ranch-Dressing

Wegbeschreibung:

Stellen Sie den Grill zum Vorheizen ein, indem Sie die Temperatur auf 450 Grad F halten und den Deckel geschlossen halten

Würzen Sie nun die Hähnchenschenkel mit dem Geflügel-Rub und legen Sie sie anschließend auf den Grillrost

8 bis 10 Minuten garen, dabei in der Mitte einmal umdrehen

Nehmen Sie nun einen kleinen Topf und kochen Sie die Flügelsauce zusammen mit der Butter bei mittlerer Hitze. Achten Sie darauf, zwischendurch umzurühren, um Klumpen zu vermeiden

Nehmen Sie nun das gekochte Hähnchen und tauchen Sie es in die Flügelsauce und die Buttermischung. Achten Sie darauf, beide Seiten gleichmäßig zu bestreichen

Bringen Sie die mit Soße bestrichenen Hähnchenschenkel auf den Grill und garen Sie sie dann weitere 15 Minuten. Tun Sie dies, bis die Innentemperatur 175 Grad anzeigt

Bleukäse darüber streuen und das Ranch-Dressing beträufeln

Servieren und genießen

Ernährung:

Kohlenhydrate: 29 g

Eiweiß: 19 g

Geräuchertes Hähnchen im Ganzen mit Honigglasur

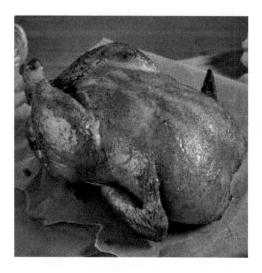

Zubereitungszeit: 30 Minuten

Kochzeit: 3Stunden

Portionen: 1

Zutaten:

- 1 4 Pfund Huhn mit den Innereien gründlich entfernt und trocken getupft
- 1 ½ Zitrone
- 1 Esslöffel Honig
- 4 Esslöffel ungesalzene Butter
- 4 Esslöffel Hähnchengewürz

Wegbeschreibung:

Schalten Sie Ihren Smoker ein und stellen Sie die Temperatur auf 225 Grad F

Nehmen Sie einen kleinen Kochtopf und schmelzen Sie die Butter zusammen mit dem Honig auf kleiner Flamme

Pressen Sie nun ½ Zitrone in dieser Mischung aus und nehmen Sie sie dann von der Wärmequelle

Nehmen Sie das Huhn und räuchern Sie es mit der Hautseite nach unten. Tun Sie dies, bis das Huhn hellbraun wird und sich die Haut vom Rost zu lösen beginnt.

Drehen Sie das Hähnchen um und bestreichen Sie es mit der Honig-Butter-Mischung

Fahren Sie mit dem Räuchern fort und vergewissern Sie sich, dass Sie alle 45 Minuten probieren, bis der dickste Kern eine Temperatur von 160 Grad F erreicht hat

Nehmen Sie das Hähnchen nun vom Grill und lassen Sie es 5 Minuten ruhen

Mit der restlichen geschnittenen Zitrone servieren und genießen

Ernährung:

Kohlenhydrate: 29 g

Eiweiß: 19 g

Hähnchen Cordon Bleu

Zubereitungszeit: 15 Minuten

Kochzeit: 40 Minuten

Portionen: 6

Zutaten:

- 6 Hähnchenbrüste ohne Knochen und ohne Haut
- 6 Scheiben Schinken
- 12 Scheiben Schweizer Käse
- 1 Tasse Panko-Paniermehl
- ½ Tasse Allzweckmehl
- 1 Teelöffel gemahlener schwarzer Pfeffer oder nach Geschmack

- 1 Teelöffel Salz oder nach Geschmack
- 4 Esslöffel geriebener Parmesankäse
- 2 Esslöffel geschmolzene Butter
- ½ Teelöffel Knoblauchpulver
- ½ Teelöffel Thymian
- ¼ Teelöffel Petersilie

Wegbeschreibung:

Schneiden Sie die Hähnchenbrust mit einem Schmetterlingsmesser ein. Legen Sie die Hähnchenbrust zwischen 2 Plastikfolien und klopfen Sie mit einem Hammer, bis die Hähnchenbrust ¼ Zoll dick ist.

Legen Sie eine Frischhaltefolie auf eine ebene Fläche. Legen Sie eine fette Hähnchenbrust darauf.

Legen Sie eine Scheibe Schweizer Käse auf das Hähnchen. Legen Sie eine Scheibe Schinken über den Käse und legen Sie eine weitere Käsescheibe über den Schinken.

Rollen Sie die Hähnchenbrust straff auf. Falten Sie die beiden Enden der Rolle fest zusammen. Stecken Sie beide Enden der gerollten Hähnchenbrust mit einem Zahnstocher fest.

Wiederholen Sie Schritt 3 und 4 für die restlichen Hähnchenbrüste

Vermengen Sie in einer Rührschüssel das Allzweckmehl, ½ TL Salz und ½ TL Pfeffer. Beiseite stellen.

Vermengen Sie in einer anderen Schüssel Semmelbrösel, Parmesan, Butter, Knoblauch, Thymian, Petersilie, ½ TL Salz und ½ TL Pfeffer. Beiseite stellen.

Schlagen Sie die Eier in eine andere Rührschüssel und verquirlen Sie sie. Beiseite stellen.

Fetten Sie ein Backblech ein.

Backen Sie eine Hähnchenbrustrolle. In die Mehlmischung tauchen, mit Eiern bestreichen und in die Paniermehlmischung tauchen. Die Hähnchenbrust sollte beschichtet sein.

Legen Sie sie auf das Backblech.

Wiederholen Sie die Schritte 9 und 10 für die restlichen Brustrollen.

Heizen Sie Ihren Grill bei geschlossenem Deckel für 15 Minuten auf 375°F vor.

Legen Sie das Backblech auf den Grill und garen Sie es etwa 40 Minuten lang, oder bis das Hähnchen goldbraun ist.

Nehmen Sie das Backblech vom Grill und lassen Sie das Hähnchen ein paar Minuten ruhen.

Cordon Bleu in Scheiben schneiden und servieren.

Ernährung:

Kalorien: 560

Fett gesamt:: 27.4 g

Kohlenhydrate gesamt: 23,2 g

Eiweiß: 54,3 g

Meeresfrüchte

Süße gegrillte Hummerschwänze

Zubereitungszeit: 10 Minuten

Kochzeit: 7 Minuten

Portionen: 12

Zutaten:

- 12 Hummerschwänze
- ½ C Olivenöl
- ¼ C frischer Zitronensaft
- ½ C Butter
- 1 Esslöffel zerdrückter Knoblauch
- 1 Teelöffel Zucker
- 1/2 Teelöffel Salz
- ½ Teelöffel schwarzer Pfeffer

Wegbeschreibung:

Kombinieren Sie Zitronensaft, Butter, Knoblauch, Salz und Pfeffer bei mittlerer Hitze und rühren Sie, bis alles gut vermengt ist, warm halten.

Schaffen Sie an einem Ende des Pelletgrills eine "Kühlzone". Die Fleischseite der Schwänze mit Olivenöl bepinseln, auf den Grill legen und je nach Größe des Hummerschwanzes 5-7 Minuten garen.

Achten Sie darauf, während des Garvorgangs einmal zu wenden.

Nach dem Wenden das Fleisch 2-3 Mal mit Knoblauchbutter begießen.

Die Schale sollte leuchtend rot sein, wenn sie fertig sind. Nehmen Sie die Schwänze vom Grill, und schneiden Sie mit einer großen Küchenschere den oberen Teil der Schale auf.

Mit warmer Knoblauchbutter zum Dippen servieren.

Ernährung:

Kalorien 208

Fett gesamt 10g

Gesättigtes Fett 6g

Ungesättigtes Fett 4g

Cholesterin 99mg

Gewürzte geräucherte Austern

Zubereitungszeit: 20 Minuten; Kochzeit: 1½-2 Stunden

Portionen: 2 Dutzend

Zutaten:

- 1 Gallone kaltes Wasser
- ½ Tasse Sojasauce
- 2 Esslöffel Worcestershire-Sauce
- 1 Tasse Salz
- 1 Tasse fest verpackter brauner Zucker
- 2 getrocknete Lorbeerblätter
- 2 Knoblauchzehen, gehackt
- 2 Teelöffel frisch gemahlener schwarzer Pfeffer
- 1 Esslöffel scharfe Sauce
- 1 Esslöffel Zwiebelpulver
- 2 Dutzend rohe, geschälte Austern, Schalen weggeworfen
- ¼ Tasse Olivenöl
- ½ Tasse (1 Stick) ungesalzene Butter, bei Raumtemperatur Rauch
- 1 Teelöffel Knoblauchpulver
- Cracker oder Toastspitzen, zum Servieren
- Cocktail-Sauce, zum Servieren

Wegbeschreibung:

Mischen Sie in einem großen Behälter Wasser, Sojasauce, Worcestershire, Salz, Zucker, Lorbeerblätter, Knoblauch, Pfeffer, scharfe Sauce und Zwiebelpulver.

Tauchen Sie die rohen Austern in die Salzlake ein, decken Sie den Behälter ab und stellen Sie ihn über Nacht in den Kühlschrank.

Befolgen Sie die spezifischen Anweisungen des Herstellers zur Inbetriebnahme, heizen Sie den Smoker auf 225°F vor und fügen Sie Erle, Hickory oder Eiche Preferred Wood Pellet hinzu.

Nehmen Sie die Austern aus dem Kühlschrank, entsorgen Sie die Salzlake und spülen Sie sie gut ab.

Legen Sie die Austern auf eine antihaftbeschichtete Grillmatte, beträufeln Sie sie mit dem Olivenöl und legen Sie die Matte in den Smoker.

Räuchern Sie die Austern für 1½ bis 2 Stunden, bis sie fest sind. Rühren Sie in der Zwischenzeit in einer kleinen Schüssel die Butter und das Knoblauchpulver zusammen.

Nehmen Sie die Austern aus dem Preferred Wood Pellet, und beträufeln Sie sie mit der gewürzten Butter.

Servieren Sie die Austern mit den Crackern oder Toastspitzen und der Cocktailsauce.

Ernährung:

Kalorien: 57

Kohlenhydrate: 13g

Fett: 0,2g

Eiweiß: 3g

Roter Schnapper in Zuckerkruste

Zubereitungszeit: 10 Minuten

Garzeit: 1 BIS 1½ Stunden

Portionen: 2

Zutaten:

- 1 Esslöffel brauner Zucker
- 2 Teelöffel gehackter Knoblauch
- 2 Teelöffel Salz
- 2 Teelöffel frisch gemahlener schwarzer Pfeffer
- ½ Teelöffel zerstoßene rote Pfefferflocken
- 1 (1½- bis 2-Pfund) Red Snapper Filet
- 2 Esslöffel Olivenöl, plus mehr zum Einölen des Rosts
- 1 geschnittene Limette, zum Garnieren

Wegbeschreibung:

Befolgen Sie die spezifischen Anweisungen des Herstellers zur Inbetriebnahme, heizen Sie den Smoker auf 225°F vor und geben Sie Erle Preferred Wood Pellet hinzu.

Mischen Sie in einer kleinen Schüssel den braunen Zucker, den Knoblauch sowie Salz, Pfeffer und rote Paprikaflocken, um eine Gewürzmischung herzustellen.

Reiben Sie den Fisch mit dem Olivenöl ein und tragen Sie die Gewürzmischung zum Beschichten auf.

Ölen Sie den Grillrost oder eine antihaftbeschichtete Grillmatte oder ein gelochtes Pizzasieb. Legen Sie das Filet auf den Smoker-Rost und räuchern Sie es 1 bis 1½ Stunden lang, bis die innere Rauchtemperatur 145°F erreicht hat.

Nehmen Sie den Fisch aus dem Preferred Wood Pellet und servieren Sie ihn heiß mit den Limettenscheiben.

Ernährung:

Kalorien: 57

Kohlenhydrate: 13g

Fett: 0,2g

Faser: 6g

Eiweiß: 3g

Pfefferkorn-Dill Mahi-Mahi

Zubereitungszeit: 10 Minuten

Garzeit: 1 bis 1½ Stunden

Portionen: 4

Zutaten:

- 4 Mahi-Mahi-Filets
- ¼ Tasse gehackter frischer Dill
- 2 Esslöffel frisch gepresster Zitronensaft
- 1 Esslöffel zerstoßene schwarze Pfefferkörner
- 2 Teelöffel gehackter Knoblauch
- 1 Teelöffel Zwiebelpulver
- 1 Teelöffel Salz
- 2 Esslöffel Olivenöl, plus mehr zum Einölen des Rosts

Wegbeschreibung:

Befolgen Sie die spezifischen Anweisungen des Herstellers für die Inbetriebnahme, heizen Sie den Smoker auf 225°F vor und fügen Sie Erle oder Pekannuss Preferred Wood Pellet hinzu.

Schneiden Sie die Filets nach Bedarf zu und entfernen Sie dabei alle sichtbaren roten Adern. Es wird Sie nicht verletzen, aber sein stärkerer Geschmack kann schnell in den Rest des Filets eindringen.

Verquirlen Sie in einer kleinen Schüssel Dill, Zitronensaft, Pfefferkörner, Knoblauch, Zwiebelpulver und Salz zu einer Würzmischung.

Reiben Sie den Fisch mit dem Olivenöl ein und tragen Sie die Gewürze rundherum auf. Ölen Sie den Grillrost oder eine antihaftbeschichtete Grillmatte oder ein gelochtes Pizzasieb.

Legen Sie die Filets auf das Räuchergestell und räuchern Sie sie 1 bis 1½ Stunden, bis das Fleisch undurchsichtig ist und die innere Rauchtemperatur 145°F erreicht.

Nehmen Sie die Filets aus dem Preferred Wood Pellet und servieren Sie sie heiß.

Ernährung:

Kalorien: 57

Kohlenhydrate: 13g

Fett: 0,2g

Faser: 6g

Eiweiß: 3g

Fisch-Tacos mit süßer und feuriger Paprika

Zubereitungszeit: 15 Minuten

Kochzeit: 1 Stunde

Portionen: 4

Zutaten:

- 1 (16-Unzen) Karton vorbereiteter süßer Krautsalat
- 1 kleine rote Zwiebel, gehackt
- 1 Poblano-Paprika, gehackt
- 1 Jalapeño-Schote, gehackt
- 1 Serrano-Pfeffer, gehackt
- ¼ Tasse gehackter frischer Koriander
- 1 Esslöffel gehackter Knoblauch
- 2 Teelöffel Salz, geteilt
- 2 Teelöffel frisch gemahlener schwarzer Pfeffer, geteilt
- 1 Limette, halbiert
- 1 Pfund Kabeljau ohne Haut, Heilbutt oder beliebiger Weißfisch (siehe Tipp)
- 1 Esslöffel Olivenöl, plus mehr zum Einölen des Rosts
- Tortillas aus Mehl oder Mais
- 1 Avocado, in dünne Scheiben geschnitten

Wegbeschreibung:

Rühren Sie in einer mittelgroßen Schüssel den Krautsalat, die Zwiebel, den Poblano, den Jalapeño, den Serrano, den Koriander, den Knoblauch und je einen Teelöffel Salz und Pfeffer zu einem süßen Paprika-Salat zusammen. Stellen Sie den Krautsalat bis zum Servieren in den Kühlschrank.

Befolgen Sie die spezifischen Anweisungen des Herstellers zur Inbetriebnahme, heizen Sie den Smoker auf 225°F vor und fügen Sie Aprikose oder Erle Preferred Wood Pellet hinzu.

Entsaften Sie eine Limettenhälfte und schneiden Sie die andere Hälfte in Keile.

Reiben Sie den Fisch rundherum mit dem Limettensaft und dem Olivenöl ein.

Würzen Sie den Fisch mit dem restlichen je 1 Teelöffel Salz und Pfeffer. Ölen Sie den Grillrost oder eine antihaftbeschichtete Grillmatte oder ein gelochtes Pizzasieb.

Legen Sie den Fisch auf das Räuchergestell und räuchern Sie ihn 1 bis 1½ Stunden

Legen Sie die Tortillas fünf bis 10 Minuten vor Ende der Garzeit auf ein feuchtes Papiertuch. Wickeln Sie die Tortillas mit dem Handtuch in strapazierfähige Aluminiumfolie ein. Verschließen Sie die Folie fest und legen Sie sie auf den Smoker-Rost.

Nehmen Sie den Fisch und die Tortillas aus dem Preferred Wood Pellet, wenn der Fisch flockig und undurchsichtig ist und die innere Rauchtemperatur 145°F beträgt.

Schneiden Sie den Fisch in kleine Würfel. Servieren Sie die Fischstücke mit den Tortillas, den Avocadoscheiben und dem süßen Peperonisalat.

Ernährung:

Kalorien: 57

Kohlenhydrate: 13g

Fett: 0,2g

Faser: 6g

Eiweiß: 3g

Honey-Cayenne Sea Scallops

Zubereitungszeit: 10 Minuten

Kochzeit: 25 Minuten

Portionen: 4

Zutaten:

- ½ Tasse (1 Stick) Butter, geschmolzen
- ¼ Tasse Honig
- 2 Esslöffel gemahlener Cayennepfeffer
- 1 Esslöffel brauner Zucker
- 1 Teelöffel Knoblauchpulver
- 1 Teelöffel Zwiebelpulver
- ½ Teelöffel Salz
- 20 Jakobsmuscheln (ca. 2 Pfund)

Wegbeschreibung:

Befolgen Sie die spezifischen Anweisungen des Herstellers zur Inbetriebnahme, heizen Sie den Smoker auf 225°F vor und geben Sie Preferred Wood Pellets aus Eiche oder Kirsche hinzu.

Verquirlen Sie in einer kleinen Schüssel Butter, Honig, Cayenne, braunen Zucker, Knoblauchpulver, Zwiebelpulver und Salz.

Legen Sie die Jakobsmuscheln in einen Einweg-Aluminiumfolienbratentopf und gießen Sie die gewürzte Honigbutter darüber.

Stellen Sie die Pfanne auf das Räuchergestell und räuchern Sie die Jakobsmuscheln etwa 25 Minuten lang, bis sie undurchsichtig und fest sind und die innere Rauchtemperatur 130°F erreicht.

Nehmen Sie die Jakobsmuscheln aus dem Preferred Wood Pellet und servieren Sie sie heiß.

Ernährung:

Kalorien: 57

Kohlenhydrate: 13g

Fett: 0,2g

Faser: 6g

Eiweiß: 3g

Hummerschwänze mit Zitronenbutter

Zubereitungszeit: 30 Minuten

Kochzeit: 45 Minuten -1 Stunde

Portionen: 4

Zutaten:

- 4 (8-Unzen) Hummerschwänze, frisch (nicht gefroren)
- 1 Tasse (2 Sticks) ungesalzene Butter, geschmolzen, geteilt
- Saft von 2 Zitronen
- 1 Teelöffel gehackter Knoblauch
- 1 Teelöffel getrockneter Thymian
- 1 Teelöffel getrockneter Rosmarin
- 1 Teelöffel Salz
- 1 Teelöffel frisch gemahlener schwarzer Pfeffer
- Olivenöl, zum Einölen des Rostes
- ¼ Tasse gehackte frische Petersilie

Wegbeschreibung:

Befolgen Sie die spezifischen Anweisungen des Herstellers zur Inbetriebnahme, heizen Sie den Smoker auf 225°F vor und geben Sie Preferred Wood Pellets aus Eiche oder Erle hinzu.

Spalten Sie die Oberseite jedes Schwanzes: Fassen Sie die Schale und heben Sie sie an. Schneiden Sie mit einer kräftigen Küchenschere in der Mitte der Schale von vorne nach hinten bis zum letzten Schwanzsegment. Heben Sie das vordere Ende des Fleisches vorsichtig aus der Schale und legen Sie es auf die gespaltene Schale, wobei der Schwanzansatz dranbleibt. Öffnen Sie die Schale und spülen Sie eventuell vorhandene Grütze vor dem Räuchern aus.

Schneiden Sie einen Schlitz in die Mitte des Fleisches, um es etwas zu öffnen.

Verquirlen Sie in einer kleinen Schüssel die Butter, den Zitronensaft, den Knoblauch, den Thymian, den Rosmarin, das Salz und den Pfeffer. Bestreichen Sie jeden Hummerschwanz mit 1 Esslöffel Zitronenbutter.

Ölen Sie den Grillrost oder eine antihaftbeschichtete Grillmatte oder ein gelochtes Pizzasieb. Legen Sie die Schwänze mit der geteilten Seite nach oben auf den Smoker-Rost.

Räuchern Sie die Schwänze 45 Minuten bis 1 Stunde lang und bestreichen Sie sie während des Garens einmal mit 1 Esslöffel Zitronenbutter.

Entfernen Sie die Hummerschwänze aus dem Preferred Wood Pellet, wenn sie undurchsichtig und fest sind und die innere Rauchtemperatur 130°F bis 140°F beträgt.

Die Hummerschwänze mit der Petersilie bestreuen und mit der restlichen Zitronenbutter zum Dippen servieren.

Ernährung:

Kalorien: 57

Kohlenhydrate: 13g

Fett: 0,2g

Eiweiß: 3g

Gemüse

Gebratene Okra

Zubereitungszeit: 10 Minuten

Kochzeit: 30 Minuten

Portionen: 4

Zutaten:

- 1 Pfund ganze Okra
- 2 Esslöffel kaltgepresstes Olivenöl
- 2 Teelöffel Gewürzsalz
- 2 Teelöffel frisch gemahlener schwarzer Pfeffer

Wegbeschreibung:

Befüllen Sie Ihren Smoker mit Holzpellets und befolgen Sie die spezifische Inbetriebnahmeprozedur des Herstellers. Heizen Sie bei geschlossenem Deckel auf 400°F vor. Alternativ können Sie auch Ihren Backofen auf 400°F vorheizen.

Legen Sie eine flache, umrandete Backform mit Alufolie aus und bestreichen Sie sie mit Kochspray.

Ordnen Sie die Okra in einer einzigen Schicht auf der Pfanne an. Beträufeln Sie sie mit dem Olivenöl und wenden Sie sie. Von allen Seiten mit Salz und Pfeffer würzen.

Legen Sie die Backform auf den Grillrost, schließen Sie den Deckel und räuchern Sie sie 30 Minuten lang, oder bis sie knusprig und leicht verkohlt sind. Alternativ können Sie die Pfanne auch 30 Minuten im Ofen rösten.

Heiß servieren.

Räuchertipp: Egal, ob Sie diese Okra im Ofen oder in Ihrem Holzpellet-Grill zubereiten, stellen Sie sicher, dass Sie den Ofen oder die Garkammer vollständig vorheizen, um die besten Ergebnisse zu erzielen.

Ernährung:

Kalorien: 150

Kohlenhydrate: 15 g

Eiweiß: 79 g

Natrium: 45 mg

Cholesterin: 49 mg

Süßkartoffel-Chips

Zubereitungszeit: 10 Minuten; Zubereitungszeit: 12 bis 15 Minuten

Portionen: 4

Zutaten:

- 2 Süßkartoffeln
- 1 Liter warmes Wasser
- 1 Esslöffel Speisestärke, plus 2 Teelöffel
- ¼ Tasse kaltgepresstes Olivenöl
- 1 Esslöffel Salz
- 1 Esslöffel verpackter brauner Zucker
- 1 Teelöffel gemahlener Zimt
- 1 Teelöffel frisch gemahlener schwarzer Pfeffer
- ½ Teelöffel Cayennepfeffer

Wegbeschreibung:

Verwenden Sie eine Mandoline, um die Süßkartoffeln in dünne Scheiben zu schneiden.

Gießen Sie das warme Wasser in eine große Schüssel und fügen Sie 1 Esslöffel Speisestärke und die Kartoffelscheiben hinzu. Lassen Sie sie 15 bis 20 Minuten einweichen.

Befüllen Sie Ihren Smoker mit Holzpellets und befolgen Sie die spezifische Inbetriebnahmeprozedur des Herstellers. Heizen Sie den Smoker bei geschlossenem Deckel auf 375°F vor.

Die Kartoffelscheiben abtropfen lassen, dann in einer einzigen Schicht auf ein gelochtes Pizzapflaster oder ein mit Alufolie ausgelegtes

Backblech legen. Die Kartoffelscheiben beidseitig mit dem Olivenöl bepinseln.

Verquirlen Sie in einer kleinen Schüssel Salz, braunen Zucker, Zimt, schwarzen Pfeffer, Cayennepfeffer und die restlichen 2 Teelöffel Speisestärke miteinander. Streuen Sie diese Gewürzmischung auf beide Seiten der Kartoffeln.

Stellen Sie die Pfanne oder das Backblech auf den Grillrost, schließen Sie den Deckel und räuchern Sie 35 bis 45 Minuten lang, wobei Sie die Pfanne nach 20 Minuten wenden, bis sich die Chips aufrollen und knusprig werden.

In einem luftdichten Behälter aufbewahren.

Tipp zu den Zutaten: Vermeiden Sie es, Ihre Süßkartoffeln im Gemüsefach des Kühlschranks aufzubewahren, da sie sonst einen harten Kern und einen unangenehmen Geschmack bekommen. Was, Sie haben keinen Wurzelkeller? Bewahren Sie sie einfach an einem kühlen, trockenen Ort in Ihrer Küche auf.

Ernährung:

Kalorien: 150

Kohlenhydrate: 15 g

Eiweiß: 79 g

Brokkoli-Blumenkohl-Salat

Zubereitungszeit: 10 Minuten

Garzeit: 12 bis 25 Minuten

Portionen: 4

Zutaten:

- 1½ Tassen Mayonnaise
- ½ Tasse saure Sahne
- ¼ Tasse Zucker
- 1 Bund Brokkoli, in kleine Stücke geschnitten
- 1 Kopf Blumenkohl, in kleine Stücke geschnitten
- 1 kleine rote Zwiebel, gehackt
- 6 Scheiben Speck, gekocht und zerbröckelt (vorgekochter Speck funktioniert gut)
- 1 Tasse geschredderter Cheddar-Käse

Wegbeschreibung:

Verquirlen Sie in einer kleinen Schüssel die Mayonnaise, die saure Sahne und den Zucker zu einem Dressing.

Kombinieren Sie Brokkoli, Blumenkohl, Zwiebel, Speck und Cheddar-Käse in einer großen Schüssel.

Gießen Sie das Dressing über die Gemüsemischung und schwenken Sie es gut, um es zu überziehen.

Servieren Sie den Salat gekühlt.

Zutatentipp: Ich verwende gerne vorgekochten Speck für Grillrezepte. Erstens spart es eine Menge Zeit, zweitens ist das Grillen von Speck einfach eine Qual.

Ernährung:

Kalorien: 150

Kohlenhydrate: 15 g

Eiweiß: 79 g

Natrium: 45 mg

Cholesterin: 49 mg

Bunny Dogs mit süß-würzigem Jalapeño-Relish

Zubereitungszeit: 10 Minuten

Garzeit: 12 bis 14 Minuten

Portionen: 5

Zutaten:

- 8 Möhren in Hot-Dog-Größe, geschält
- ¼ Tasse Honig
- ¼ Tasse gelber Senf
- Antihaft-Kochspray oder Butter, zum Einfetten
- Salz
- Frisch gemahlener schwarzer Pfeffer
- 8 Hot-Dog-Brötchen
- Süßes und pikantes Jalapeño-Relish

Wegbeschreibung:

Bereiten Sie die Möhren vor, indem Sie die Stiele entfernen und die Möhren der Länge nach halbieren.

Verquirlen Sie in einer kleinen Schüssel den Honig und den Senf.

Befüllen Sie Ihren Smoker mit Holzpellets und befolgen Sie die spezifische Inbetriebnahmeprozedur des Herstellers. Heizen Sie den Smoker bei geschlossenem Deckel auf 375°F vor.

Legen Sie ein Backblech mit Alufolie aus und bestreichen Sie es mit Kochspray.

Die Möhren beidseitig mit dem Honigsenf bestreichen und mit Salz und Pfeffer würzen; auf das Backblech legen.

Legen Sie das Backblech auf den Grillrost, schließen Sie den Deckel und räuchern Sie es 35 bis 40 Minuten lang, oder bis es zart ist und anfängt, braun zu werden.

Zum Servieren die Hot-Dog-Brötchen auf dem Grill leicht rösten und mit je zwei Karottenscheiben und etwas Relish belegen.

Räuchertipp: Achten Sie darauf, dass Sie Ihren Smoker vollständig auf die erforderliche Temperatur vorheizen, bevor Sie Karotten (oder anderes Röstgemüse) auf den Grill legen.

Ernährung:

Kalorien: 150

Kohlenhydrate: 15 g

Eiweiß: 79 g

Rosenkohl-Häppchen mit Koriander-Balsamico-Nieselregen

Zubereitungszeit: 10 Minuten

Garzeit: 12 bis 50 Minuten

Portionen: 4

Zutaten:

- 1 Pfund Rosenkohl, geputzt und verwelkt, Blätter entfernt
- ½ Pfund Speck, halbiert
- 1 Esslöffel verpackter brauner Zucker
- 1 Esslöffel Cajun-Gewürz
- ¼ Tasse Balsamico-Essig
- ¼ Tasse kaltgepresstes Olivenöl
- ¼ Tasse gehackter frischer Koriander
- 2 Teelöffel gehackter Knoblauch

Wegbeschreibung:

Weichen Sie die Zahnstocher für 15 Minuten in Wasser ein.

Befüllen Sie Ihren Smoker mit Holzpellets und befolgen Sie die spezifische Inbetriebnahmeprozedur des Herstellers. Heizen Sie bei geschlossenem Deckel auf 300°F vor.

Wickeln Sie jeden Rosenkohl mit einer halben Scheibe Speck ein und sichern Sie ihn mit einem Zahnstocher.

Vermengen Sie in einer kleinen Schüssel den braunen Zucker und das Cajun-Gewürz. Tauchen Sie jeden eingewickelten Rosenkohl in diese süße Einreibung und rollen Sie ihn herum, um ihn zu beschichten.

Legen Sie die Sprossen auf ein mit Frogmat oder Pergamentpapier ausgelegtes Backblech auf den Grillrost, schließen Sie den Deckel und räuchern Sie sie 45 Minuten bis 1 Stunde, wenden Sie sie nach Bedarf, bis sie gleichmäßig gegart sind und der Speck knusprig ist.

Verquirlen Sie in einer kleinen Schüssel den Balsamico-Essig, das Olivenöl, den Koriander und den Knoblauch.

Die Zahnstocher vom Rosenkohl entfernen, auf einen Teller geben und mit der Koriander-Balsamico-Sauce beträufelt servieren.

Tipp zu den Zutaten: Im gegarten Zustand verströmt Rosenkohl oft einen schwefelartigen Geruch - ein weiterer guter Grund, im Freien zu kochen!

Ernährung:

Kalorien: 150

Kohlenhydrate: 15 g

Rauchig gebratener Blumenkohl

Zubereitungszeit: 10 Minuten

Garzeit: 1 Stunde 20 Minuten

Portionen: 4 bis 6

Zutaten:

- 1 Kopf Blumenkohl
- 1 Tasse Parmesankäse
- Gewürz Zutaten:
- 1 Esslöffel Olivenöl
- 2 Knoblauchzehen, gehackt
- 1 Teelöffel koscheres Salz
- 1 Teelöffel geräucherter Paprika

Wegbeschreibung:

Heizen Sie den Pelletgrill auf 180°F vor. Falls zutreffend, stellen Sie die Raucheinstellung auf hoch.

Blumenkohl in mundgerechte Röschen schneiden und in einen Grillkorb legen. Korb auf den Grillrost stellen und eine Stunde lang räuchern.

Gewürzzutaten mischen. In einer kleinen Schüssel, während der Blumenkohl raucht. Blumenkohl nach einer Stunde vom Grill nehmen und abkühlen lassen.

Ändern Sie die Grilltemperatur auf 425°F. Nachdem der Blumenkohl abgekühlt ist, den Blumenkohl in einen wiederverschließbaren Beutel geben und die Marinade in den Beutel gießen. Schwenken Sie die Marinade in der Tüte, um sie zu vermengen.

Blumenkohl wieder in einen Grillkorb legen und auf den Grill zurückstellen. Im Grillkorb 10-12 Minuten rösten oder bis die Außenseiten knusprig und goldbraun werden.

Vom Grill nehmen und auf eine Servierplatte übertragen. Parmesankäse über den Blumenkohl streuen und ein paar Minuten ruhen lassen, damit der Käse schmelzen kann. Servieren und genießen!

Ernährung:

Kalorien: 70

Fett: 35 g

Kohlenhydrate: 7 g

Ballaststoffe: 3 g

Desserts

Gegrillte Ananas mit Schokoladensoße

Zubereitungszeit: 10 Minuten

Kochzeit: 25 Minuten

Portionen: 6 bis 8

Zutaten:

- 1 Ananas
- 8 oz Zartbitterschokoladenchips
- 1/2 Tasse gewürzter Rum
- 1/2 Tasse Schlagsahne
- 2 Esslöffel hellbrauner Zucker

Wegbeschreibung:

Heizen Sie den Pelletgrill auf 400°F vor.

Entschälen Sie die Ananas und schneiden Sie die Ananas in 1 cm große Würfel.

In einem Kochtopf die Schokoladenchips vermengen. Wenn die Chips zu schmelzen beginnen, den Rum in den Topf geben, weiterrühren, bis er sich verbunden hat, und dann einen Spritzer Ananassaft hinzufügen.

Fügen Sie die Schlagsahne hinzu und rühren Sie die Mischung weiter. Sobald die Sauce glatt ist und eindickt, die Hitze auf Köcheln reduzieren, um sie warm zu halten.

Ananaswürfel auf Spieße stecken. Spieße mit braunem Zucker bestreuen.

Legen Sie die Spieße auf den Grillrost. Etwa 5 Minuten pro Seite grillen, oder bis sich Grillspuren bilden.

Spieße vom Grill nehmen und ca. 5 Minuten auf einem Teller ruhen lassen. Servieren Sie dazu warme Schokoladensauce zum Dippen.

Ernährung:

Kalorien: 112.6

Fett: 0,5 g

Cholesterin: 0

Kohlenhydrat: 28,8 g

Faser: 1,6 g

Zucker: 0,1 g

Eiweiß: 0,4 g

Nektarine und Nutella Eisbecher

Zubereitungszeit: 10 Minuten

Kochzeit: 25 Minuten

Portionen: 4

Zutaten:

- 2 Nektarinen, halbiert und entkernt
- 2 Teelöffel Honig
- 4 Esslöffel Nutella
- 4 Kugeln Vanilleeis
- 1/4 Tasse Pekannüsse, gehackt
- Schlagsahne, zum Überziehen
- 4 Kirschen, zum Garnieren

Wegbeschreibung:

Heizen Sie den Pelletgrill auf 400°F vor.

Schneiden Sie die Nektarinen in zwei Hälften und entfernen Sie die Kerne.

Bestreichen Sie die Innenseite (Schnittseite) jeder Nektarinenhälfte mit Honig.

Legen Sie die Nektarinen mit der Schnittseite nach unten direkt auf den Grillrost. 5-6 Minuten garen, oder bis sich Grillspuren bilden.

Nektarinen wenden und auf der anderen Seite ca. 2 Minuten garen.

Nehmen Sie die Nektarinen vom Grill und lassen Sie sie abkühlen.

Füllen Sie den Kernhohlraum jeder Nektarinenhälfte mit 1 EL Nutella.

Geben Sie 1 Kugel Eiscreme auf die Nutella. Mit Schlagsahne und Kirschen garnieren und mit gehackten Pekannüssen bestreuen. Servieren und genießen!

Ernährung:

Kalorien: 90

Fett: 3 g

Cholesterin: 0

Kohlenhydrate: 15g

Faser: 0

Zucker: 13 g

Eiweiß: 2 g

Zimt-Zucker-Donut-Löcher

Zubereitungszeit: 10 Minuten

Zubereitungszeit: 35 Minuten

Portionen: 4

Zutaten:

- 1/2 Tasse Mehl
- 1 Esslöffel Speisestärke
- 1/2 Teelöffel Backpulver
- 1/8 Teelöffel Backpulver
- 1/8 Teelöffel gemahlener Zimt
- 1/2 Teelöffel koscheres Salz
- 1/4 Tasse Buttermilch
- 1/4 Tasse Zucker
- 1 1/2 Esslöffel Butter, geschmolzen
- 1 Ei
- 1/2 Teelöffel Vanille

Zutaten für den Belag:

- 2 Esslöffel Zucker
- 1 Esslöffel Zucker
- 1 Teelöffel gemahlener Zimt

Wegbeschreibung:

Heizen Sie den Pelletgrill auf 350°F vor.

Mehl, Speisestärke, Backpulver, Natron, gemahlener Zimt und koscheres Salz in einer mittelgroßen Schüssel vermengen. Mit dem Schneebesen verrühren.

Vermengen Sie in einer separaten Schüssel Buttermilch, Zucker, geschmolzene Butter, Ei und Vanille. Verquirlen Sie das Ei, bis es gründlich vermischt ist.

Gießen Sie die feuchte Mischung in die Mehlmischung und rühren Sie. Rühren Sie nur so lange, bis alles gut vermischt ist, und achten Sie darauf, die Mischung nicht zu überarbeiten.

Besprühen Sie die Mini-Muffinform mit Kochspray.

Löffeln Sie 1 Esslöffel der Donut-Mischung in jedes Mini-Muffin-Loch.

Die Form auf den Pellet-Grillrost stellen und ca. 18 Minuten backen, oder bis ein Zahnstocher sauber herauskommt.

Muffinform vom Grill nehmen und ca. 5 Minuten ruhen lassen.

Vermengen Sie in einer kleinen Schüssel 1 EL Zucker und 1 TL gemahlenen Zimt.

Schmelzen Sie 2 Esslöffel Butter in einer Glasschale. Jedes Donut-Loch in die geschmolzene Butter tauchen, dann mischen und mit Zimtzucker bestreuen. Legen Sie die fertigen Donut-Löcher zum Servieren auf einen Teller.

Ernährung:

Kalorien: 190

Fett: 17 g

Cholesterin: 0

Kohlenhydrat: 21 g

Ballaststoffe: 1 g

Zucker: 8 g

Eiweiß: 3 g

Pellet Grill Chocolate Chip Cookies

Zubereitungszeit: 20 Minuten; Kochzeit: 45 Minuten

Portionen: 12

Zutaten:

- 1 Tasse gesalzene Butter, erweicht
- 1 Tasse Zucker
- 1 Tasse hellbrauner Zucker
- 2 Teelöffel Vanilleextrakt
- 2 große Eier
- 3 Tassen Allzweckmehl
- 1 Teelöffel Backpulver
- 1/2 Teelöffel Backpulver
- 1 Teelöffel natürliches Meersalz
- 2 Tassen halbsüße Schokoladenchips oder -stückchen

Wegbeschreibung:

Heizen Sie den Pelletgrill auf 375°F vor.

Legen Sie ein großes Backblech mit Pergamentpapier aus und stellen Sie es beiseite.

Mischen Sie in einer mittelgroßen Schüssel Mehl, Natron, Salz und Backpulver. Sobald es vermischt ist, beiseite stellen.

In der Schüssel des Standmixers Butter, weißen Zucker und braunen Zucker vermengen. Eier und Vanille einrühren. Schlagen, bis die Masse schaumig ist.

126

Trockene Zutaten einrühren, weiterrühren, bis sie sich verbunden haben.

Fügen Sie die Schokoladenstückchen hinzu und mischen Sie sie gründlich.

Rollen Sie jeweils 3 Esslöffel Teig zu Kugeln und legen Sie sie auf Ihr Plätzchenblech. Legen Sie die Kugeln mit gleichmäßigem Abstand zueinander auf das Blech, wobei zwischen den Kugeln ein Abstand von etwa 10 cm liegen sollte.

Plätzchenblech direkt auf den Grillrost legen und 20-25 Minuten backen, bis die Außenseite der Plätzchen leicht gebräunt ist.

Vom Grill nehmen und 10 Minuten ruhen lassen. Servieren und genießen!

Ernährung:

Kalorien: 120

Fett: 4

Eiweiß: 1,4 g

Leckere Donuts auf dem Grill

Zubereitungszeit: 5 Minuten

Kochzeit: 10 Minuten

Portionen: 6

Zutaten:

- 1-1/2 Tassen Zucker, gepudert
- 1/3 Tasse Vollmilch
- 1/2 Teelöffel Vanilleextrakt
- 16 Unzen Biskuitteig, vorbereitet
- Ölspray, zum Einfetten
- 1 Tasse Schokostreusel, zum Bestreuen

Wegbeschreibung:

Nehmen Sie eine mittelgroße Schüssel und mischen Sie Zucker, Milch und Vanilleextrakt.

Gut verrühren, um eine Glasur zu erhalten.

Stellen Sie die Glasur zur weiteren Verwendung beiseite.

Legen Sie den Teig auf die flache, saubere Oberfläche.

Glätten Sie den Teig mit einem Nudelholz.

Verwenden Sie eine Ringform, etwa einen Zoll, und schneiden Sie ein Loch in die Mitte jedes runden Teigs.

Legen Sie den Teig auf einen Teller und kühlen Sie ihn für 10 Minuten.

Öffnen Sie den Grill und legen Sie den Grillrost hinein.

Schließen Sie die Haube.

Wählen Sie nun im Menü den Grill aus und stellen Sie die Temperatur auf mittel ein.

Stellen Sie die Zeit auf 6 Minuten ein.

Wählen Sie Start und beginnen Sie mit dem Vorheizen.

Nehmen Sie den Teig aus dem Kühlschrank und bestreichen Sie ihn von beiden Seiten mit Kochspray.

Wenn das Gerät piept, ist der Grill vorgeheizt; legen Sie die einstellbare Teigmenge auf den Grillrost.

Schließen Sie die Haube, und kochen Sie 3 Minuten lang.

Nach 3 Minuten die Donuts herausnehmen und den restlichen Teig hineinlegen.

Kochen Sie 3 Minuten lang.

Wenn alle Donuts fertig sind, bestreuen Sie sie mit Schokoladenstreuseln.

Genießen Sie.

Ernährung:

Kalorien: 400

Fett gesamt: 11g

Gesättigtes Fett: 4.2g

Cholesterin: 1mg

Natrium: 787mg

Kohlenhydrate gesamt: 71.3g

Ballaststoffe 0,9 g

Zucker gesamt: 45.3g

Eiweiß: 5.7g

Rubs und Saucen

Carolina Barbeque Rub

Zubereitungszeit: 5 Minuten; Kochzeit: 5 Minuten

Portionen: 1

Zutaten:

- 2 Esslöffel Salz
- 2 Esslöffel gemahlener schwarzer Pfeffer
- 2 Esslöffel weißer Zucker
- ¼ Tasse Paprika
- 2 Esslöffel brauner Zucker
- 2 Esslöffel gemahlener Kreuzkümmel
- 2 Esslöffel Chilipulver

Wegbeschreibung:

Geben Sie einfach alle Zutaten in ein luftdichtes Glas, rühren Sie gut um und verschließen Sie es.

Innerhalb von sechs Monaten verwenden.

Ernährung:

Kalorien: 50

Fett: 0,5g

Kohlenhydrate: 10g

Eiweiß: 1g

Memphis-Rub

Zubereitungszeit: 5 Minuten

Kochzeit: 5 Minuten

Portionen: 1

Zutaten:

- ½ Tasse (55 g) Paprika
- ¼ Tasse (40 g) Knoblauchpulver
- ¼ Tasse (30 g) mildes Chilipulver
- 3 Esslöffel Salz
- 3 Esslöffel schwarzer Pfeffer
- 2 Esslöffel Zwiebelpulver
- 2 Esslöffel Staudenselleriesamen
- 1 Esslöffel brauner Zucker
- 1 Esslöffel getrockneter Oregano
- 1 Esslöffel getrockneter Thymian
- 1 Esslöffel Kreuzkümmel
- 2 Teelöffel trockener Senf
- 2 Teelöffel gemahlener Koriander
- 2 Teelöffel gemahlener Piment

Wegbeschreibung:

Geben Sie einfach alle Zutaten in ein luftdichtes Glas, rühren Sie gut um und verschließen Sie es.

Innerhalb von sechs Monaten verwenden.

Ernährung:

Kalorien: 50

Fett: 0,3g

Kohlenhydrate: 13g

Eiweiß: 1g

Geräucherte Sojasoße

Zubereitungszeit: 15 Minuten; Kochzeit: 1 Stunde

Portionen: 1

Zutaten:

- 100ml Sojasauce
- Bradley-Aroma-Bisquetten Kirsche

Wegbeschreibung:

Geben Sie Sojasauce in eine hitzebeständige Schüssel mit großem Mund. In einem Smoker bei 158-176 F etwa 1 Stunde lang räuchern. Ein paar Mal umrühren. Herausnehmen und abkühlen lassen, dann in eine Flasche füllen. Einen Tag lang stehen lassen.

Servieren und genießen!

Ernährung:

Kalorien 110

Fett 0g

Kohlenhydrate 25g,

Eiweiß 2g

Geräucherte Knoblauch-Soße

Zubereitungszeit: 5 Minuten

Kochzeit: 30 Minuten

Portionen: 2

Zutaten:

- 3 ganze Knoblauchköpfe
- 1/2 Tasse Mayonnaise
- 1/4 Tasse saure Sahne
- 2 Esslöffel Zitronensaft
- 2 Esslöffel Apfelessig
- Salz nach Geschmack

Wegbeschreibung:

Schneiden Sie die Knoblauchköpfe ab und geben Sie sie in eine mikrowellengeeignete Schüssel; fügen Sie 2 Esslöffel Wasser hinzu und decken Sie sie ab. In der Mikrowelle etwa 5-6 Minuten auf mittlerer Stufe erwärmen.

Erhitzen Sie Ihren Grill auf Medium. Legen Sie die Knoblauchköpfe in eine flache "Boot"-Folie und räuchern Sie sie etwa 20-25 Minuten lang, bis sie weich sind.

Geben Sie die Knoblauchköpfe in einen Mixer. Verarbeiten Sie sie einige Minuten lang, bis sie glatt sind. Fügen Sie die restlichen Zutaten hinzu und verarbeiten Sie sie, bis alles kombiniert ist.

Viel Spaß!

Ernährung:

Kalorien 20

Fett 0g

Kohlenhydrate 10g

Eiweiß 0g

Fazit

Heutzutage kann jeder einen Pelletgrill besitzen, da die Hersteller die Anforderungen der Kunden aus verschiedenen Bereichen erfüllen. Seit dem Kauf eines Pellet-Smokers benötigen Sie Holzpellets, um Ihren Grillvorgang angenehm zu gestalten. In diesem Wood Pellet Smoker & Grill Kochbuch haben Sie alles gelernt, was Sie über Wood Pellet Smoker & Grill wissen müssen; Sie haben gelernt, wie Sie Ihren Wood Pellet Smoker & Grill optimal nutzen können. Egal, ob Sie ein Hobbykoch sind, der eine Grillparty im Hinterhof veranstaltet, oder ein Pitmaster bei einem Grillwettbewerb, ein Wood Pellet Smoker & Grill kann leicht zu einem der wichtigsten Geräte werden, die Sie besitzen können, um Ihnen zu helfen, geschmackvolle Mahlzeiten mit viel weniger Aufwand zuzubereiten.

Dieses Kochbuch hat Ihnen geholfen, alle Ihre Pelletgrill-Probleme zu lösen. Es ist ein einzigartiges Kochbuch für diejenigen, die einen Pelletgrill haben und spezielle Lebensmittelrezepte wünschen. Wenn Sie einen Smoker besitzen, ist dieses Buch genau das Richtige für Sie. Kochen mit einem Wood Pellet Smoker & Grill ermöglicht es Ihnen, den gewünschten Geschmack der Holzpellets zu wählen, um den perfekten Rauch zu erzeugen, der Ihr Essen würzt. Jede Holzpelletsorte hat ihren eigenen Charakter und Geschmack. Das Beste daran ist, dass Sie nur eine einzige Sorte verwenden oder experimentieren können, um die Aromen zu mischen und Ihre eigene

Kombination zu erfinden. Fantastisch für die Herstellung von geräucherten Lebensmitteln oder Desserts, bei denen nur ein Geschmacksmerkmal erforderlich ist.

Um perfekten Holzrauch zu erzeugen, müssen Sie einen Wood Pellet Smoker & Grill finden, der zu Ihren Kochbedürfnissen passt. Für Menschen, die schon lange in der Küche stehen, ist es schwer, sich an ein neues Kochgerät zu gewöhnen. Es ist viel einfacher, sich mit einem neuen System vertraut zu machen, als eine neue Technik zu erlernen. Wenn Sie jedoch das Kochen und neue Methoden erforschen möchten, könnte ein Wood Pellet Smoker & Grill die richtige Wahl für Sie sein - jemand, der von der zunehmenden Beliebtheit von Wood Pellet Smoker & Grill profitieren möchte!

Jetzt, wo Sie wissen, wie Sie Fleisch mit Ihrem Kochstil räuchern können, ist es an der Zeit, die Dinge bei Ihnen zu Hause interessant zu machen. Sie können nicht genug von Ihren geräucherten Schweinerippchen bekommen, und sie können es nicht erwarten, dass Sie das nächste Stück Ihrer Grillstrategien vorstellen. Wenn Sie mit dem Gedanken gespielt haben, Ihren Wood Pellet Smoker & Grill anzuheizen, ist es an der Zeit, Ihre Fantasie spielen zu lassen. Die Dinge, die Sie zubereiten werden, werden sie sicherlich überraschen.

Kochen ist kein Hobby; es ist ein Lebensstil, bei dem Sie auf Ihre eigene Art und Weise gesund leben. Stellen Sie sicher, dass Sie alles kochen können, von Fleisch über Gemüse bis hin zu verschiedenen Obstsorten. Seien Sie Ihrer Familie treu und stellen Sie sicher, dass Sie ihnen nicht bei jeder Gelegenheit ungesunde Mahlzeiten servieren. Machen Sie sie zu einer großen, glücklichen Familie, indem Sie ihnen köstliche Mahlzeiten servieren.

In diesem Kochbuch haben Sie alles Wissen und leckere Rezepte erhalten, um das Beste aus Ihrem Wood Pellet Smoker & Grill herauszuholen. Der nächste Schritt ist, leckere Speisen zuzubereiten und sie zu genießen! Also, zögern Sie nicht und schnappen Sie sich Ihren Wood Pellet Smoker & Grill mit diesem Kochbuch, bevor die Gelegenheit an Ihnen vorbeigeht.

Sobald Sie die Grundlagen des Pelletgrillens kennen, sehen Sie, wie einfach es ist, gesündere Lebensmittel zu kochen. Das Einzige, was noch zu tun ist, ist sicherzustellen, dass Sie Ihren Pelletgrill vollständig warten. Das Kochen von Lebensmitteln ist zwar für die meisten Menschen ein Vergnügen, aber es ist das, was jeder gerne tut. Sie wissen bereits über das Grillen mit Holzpellets Bescheid, und es ist an der Zeit, Ihr Wissen zu teilen.

9 781801 744058